Eingänge

Roger Mandl

Eingänge

Zeitgemäß, funktional, formvollendet

Deutsche Verlags-Anstalt

Inhalt

Einführung

10 Zur geschichtlichen Entwicklung der Eingänge
11 Der Eingang und seine Funktionen
15 Erschließung und Organisation eines Eingangsbereichs
17 Konstruktion und Materialien
23 Gestaltung
25 Barrierefrei – Komfort für alle

Projekte

Einfamilienhäuser

28 Freundliche Offenheit
   Pullach, Bembé Dellinger

30 Im Goldenen Schnitt
   Perl, denzer & poensgen

32 Traditionsbewusst
   Ludesch, maaars

34 Frisches Grün zwischen öffentlich und privat
   Neumarkt in der Oberpfalz,
   Berschneider + Berschneider

36 Preisgekrönt
   Neumarkt in der Oberpfalz,
   Berschneider + Berschneider

38 Hohle Gasse
   Harsum, Nieberg | Architect

40 Parkhaus
   Waiblingen, COAST

42 Eine moderne Burg
   Reutlingen, Birgit Keppler

44 Black Box
   Caviano, markus wespi jérôme de meuron

46 Schwarzes Haus
   Krailling, peter haimerl . architektur

48 Aus Alt mach Neu
   Stuttgart, bottega+ehrhardt architekten

50 Im Ensemble
   Gräfenberg, att architekten Markus Gentner

Mehrfamilienhäuser

54 Stairway to Heaven
   Utting am Ammersee, Atelier Lüps

56 Zwei unter einem Dach
   Nürnberg, att architekten Markus Gentner

58 Rustico »Rocco«
   Fusio, Giovan Luigi Dazio

60 Six Pack
   St. Alban am Ammersee, Bembé Dellinger

62 Bauen im Bestand
   Landsberg am Lech, Atelier Lüps

64 Erinnerung an Feuertreppen
   Starnberg, Architekturbüro Baehr-Rödel

66 Neu eingekleidet
   München, Anne Batisweiler

68 Autofrei
   Wien, RATAPLAN ZT

70 Neu erschlossen
   Bremerhaven, Städtische Wohnungsgesellschaft
   Bremerhaven mbH, Hans-Joachim Ewert

74	Stadtbaustein Wien, RATAPLAN ZT	104	Kontrast Gütersloh, Van den Valentyn
76	Wohnen statt arbeiten Landsberg am Lech, Atelier Lüps	106	Hinter historischen Mauern Maastricht, Vos Interieur mit Ingo Maurer

Bauten für Büro, Praxis, Gewerbe

Öffentliche Bauten

80	Die Welle Berlin, GRAFT	110	Fließend Innsbruck, Zaha Hadid Architects
82	Ökologische Nischen Habsberg Lauterhofen, Berschneider + Berschneider	112	Licht und offen Stadthagen, Nieberg	Architect
84	Corporate Architecture Kempten, becker architekten	114	Kultur im Speicher Würzburg, Brückner & Brückner Architekten
86	Versetzt Kempten, f64 Architekten	116	Teleskop Mittenwald, Steinert & Steinert
88	Heavy Metal Reutlingen, Allmann Sattler Wappner . Architekten	118	Schrittweise erschlossen Neumarkt in der Oberpfalz, Berschneider + Berschneider
90	Leuchtendes Beispiel Volkach, Architektur Büro Jäcklein	122	Moduliertes Licht Neumarkt in der Oberpfalz, Berschneider + Berschneider
92	Im Weinland Volkach, Architektur Büro Jäcklein	124	Das Tor macht weit München, Allmann Sattler Wappner . Architekten
96	Eintauchen Ludwigsburg, bottega+erhardt architekten		

Bauten für Veranstaltungen, Hotel

Anhang

100	Lichtspiel Bad Kissingen, Brückner & Brückner Architekten	126	Anforderungen an die Planung von Eingängen
		127	Glossar
102	Zugang zum Produkt London, eins:33, Hendrik Müller	132	Architekten, Gestalter
		134	Fotografen
		135	Quellen
		136	Impressum

Vorwort

»Die Situierung des Haupteingangs (oder der Haupteingänge) ist vielleicht der wichtigste Einzelschritt, den man während der Entwicklung eines Gebäudegrundrisses macht.«
Christopher Alexander, Eine Muster-Sprache, S. 583

Als Schnittstelle zwischen Innen und Außen und als Ort, an dem die Wege im Bauwerk zusammenfinden, bestimmen die Eingangsbereiche, wie ein Bauwerk sich dem Menschen darstellt und wie es von ihm erlebt wird. Die Gestaltung dieser Bereiche hat Auswirkung auf viele Aspekte der Orientierung und Wahrnehmung: ob wir neugierig auf das Innere werden, ob wir uns willkommen fühlen, ob sich die innere Organisation gleichsam von alleine erschließt oder ob wir uns nur mithilfe von Orientierungssystemen zurechtfinden.

Jedes Gebäude hat einen Zugang, von ganz wenigen Ausnahmen wie Grabbauten, deren Zugänge sorgfältig verschlossen sind, abgesehen. Dieses Zugänglichmachen kann mehr oder weniger ausgestaltet werden, je nachdem, in welchem Maß Zugänglichkeit erwünscht ist. Es hängt also von dem Wunsch nach Öffnung und Öffentlichkeit oder Rückzug und Privatsphäre ab, wie der Zutritt zu einem Gebäude gestaltet wird – und ob aus einem Zugang ein Eingang wird.

Aus der Notwendigkeit eines Eingangs in ein Gebäude folgt leider nicht immer, dass dieser auch seiner Bedeutung entsprechend gestaltet wird.

Im ersten, allgemein gehaltenen Teil meiner Darstellung versuche ich, prinzipielle Lösungen aufzuzeigen; die Beispiele sind einerseits zeitlos, andererseits Zeugen ihrer Entstehungszeit.

Sie werden ausschließlich nach Fotografien von Klaus Kinold abgebildet, in der Reduktion auf Schwarzweiß analytisch-distanziert und auf das Wesentliche von Architektur und Eingangssituationen konzentriert. So vermitteln diese Bilder, unabhängig von Tendenzen, Trends und Modeerscheinungen die wesentlichen Aspekte des Eingangs und die Prinzipien seiner Gestaltung.

Die dann folgenden aktuellen Projekte geben eine Vorstellung davon, wie zeitgemäße Eingänge aussehen, mit welchen Mitteln und Materialien sie gestaltet werden können und welche prinzipiellen Entwurfsgedanken dabei eine Rolle spielen. Häufig werden sie in Tag- und Nachtansicht gezeigt, denn für viele Bauwerke ist heute die Erscheinung im Kunstlicht, bei Nacht, ebenso von Bedeutung wie im Tageslicht. Die Darstellung ordnet die Projekte nach ihrer Größe und Komplexität, die in der Regel mit dem Umfang eines Gebäudes zunimmt.

Mein Dank gilt den Architektinnen und Architekten für Ihre Entwürfe und die darin zum Ausdruck gebrachte gestalterische Haltung, sorgfältig durchdachte Lösungen zu entwickeln. Außerdem danke ich den Fotografinnen und Fotografen für die Abbildungen, ohne welche die anschauliche Darstellung in Buchform schlicht unmöglich wäre, und schließlich den Bauherren für ihre Zustimmung zur Publikation. Besonderer Dank gilt Sabine Schmid vom Lektorat Architektur der Deutschen Verlags-Anstalt.

Einführung

Mit Fotografien von Klaus Kinold

Zur geschichtlichen Entwicklung der Eingänge

Dem Eingang kommt je nach der Bestimmung eines Gebäudes, dem Sicherheitsbedürfnis der Nutzer und der allgemeinen Sicherheitslage mehr oder weniger Bedeutung zu. Stets stand der Aspekt des (Ver-)Schließens vor Eindringlingen im Vordergrund; Pyramiden, historische Befestigungen, Wehranlagen, Burgen und Stadtmauern zeugen bis heute davon.

Bei Grabmälern wie den Pyramiden aus der ägyptischen Pharaonenzeit war der Zugang nicht erkennbar, da Besucher nicht willkommen waren; man wollte verhindern, dass sich jemand unbefugt Zugang zu den Grabkammern verschafft, die Totenruhe bewahren und die prunkvollen Grabbeigaben schützen. Die Zugänge wurden also kunstvoll vermauert, sie waren nur nach langer, aufwändiger Suche aufzufinden.

Dieses Schützen durch Verschließen und Verbergen war immer auch eine Notwendigkeit, wenn Menschen Verfolgung oder kriegerischen Ereignissen ausgesetzt waren. Die Kunst der Gestaltung von Eingängen bestand dann ebenfalls darin, dass sie nicht wahrgenommen werden sollten, das Prinzip von Tarnen und Täuschen führte zu ideenreichen Lösungen. Katakomben und geheime Gemächer, aber auch Verliese wurden so geschützt. Versteckte Eingänge zu Bauwerken hat es in der Folgezeit immer wieder gegeben, vor allem allein stehende Gebäude wie Burgen, Schlösser oder Klöster waren zudem mit geheimen Gängen ausgestattet, um im Falle einer Belagerung den Eingeschlossenen einen Ausweg offenzuhalten.

Geordnete politische Verhältnisse waren die Voraussetzung dafür, Gebäude, vor allem im geschützten städtischen Kontext, offener zu gestalten und damit das Thema Eingang losgelöst vom Sicherheitsaspekt aufzugreifen. Die Schutz gewährende Stadtmauer mit ihren Toren ist als Gemeinschaftsleistung die Grundlage, die Wehrhaftigkeit des einzelnen Gebäudes zu reduzieren.

Unter diesen Vorzeichen entstehen im antiken Griechenland und später in Rom im Rahmen der Entwicklung von Einzelgebäuden und Städten sowie der Neugründung von Kolonialstädten Typen von Eingängen, die in allen folgenden Epochen immer wieder als Vorbilder gedient haben. Insbesondere die Erfindung und Ausarbeitung einzelner Bauteile wie Wand, Pfeiler, Säule, Dach, Giebel und Rundbogen und deren Komposition zu Fassaden hat sich für die Folgezeit als maßgebend erwiesen. Alle folgenden Epochen der Architekturgeschichte haben sich an dieser Entwicklung orientiert und ihr eigenes Repertoire darauf aufgebaut – oder durch Ablehnung der überlieferten Formen definiert.

Mittelalterliche Städte und Burgen sollten bergen, eine sichere Zuflucht bieten, um ihre Bewohner gegen Übergriffe von außen zu schützen. Verhältnismäßig kleine Öffnungen mit schweren Toren in Burgmauern stellten die Verbindung zwischen einem Innen und Außen dar, häufig ergänzt um Gräben, zum Teil mit Wasser gefüllt, darüber eine Zugbrücke, die den Zugang ein weiteres Mal erschwerte. Ähnliche Zugangssituationen finden wir dann bei befestigten Städten, die zum Schutze ihrer Bürger und deren Freiheit dem gleichen Muster folgten, mit Wehranlagen in Form von Mauerringen sowie bewachten und nachts geschlossenen Toren. Mit dem Übergang zu zentral verwalteten Staatsgebilden und der damit einhergehenden Durchsetzbarkeit von Gesetzen mithilfe von Polizei und Militär nahm die Sicherheit in Stadt und Land stetig zu, so dass der Abgrenzung einer Gemeinschaft nach außen immer geringere Bedeutung zukam. Schließlich brachten ausgerechnet die Kriege im 19. und 20. Jahrhundert die »offene Stadt« – als sich herausstellte, dass eine Stadt im modernen Krieg nicht mehr zu verteidigen ist. Der fließende Übergang von der Landschaft in die Stadt und umgekehrt die Zersiedelung der Landschaft von der Stadt her hat hier ihren Ursprung. In demselben Maße öffneten sich die Zugangssituationen in öffentliche wie private Gebäude, sie wurden zu Eingängen, die mehr öffnen und einladen als schließen und verwehren.

Der Rückbau der Stadtmauern und der Verteidigungsanlagen davor bescherte vielen Städten eine ringförmige Erschließung um das historische Zentrum und in der Folge oft auch einen innerstädtischen Grünraum. Häufig entstanden gerade an diesen Straßen für ihre Zeit prägende Bauten mit entsprechenden Eingängen. Die Eingänge übernehmen im Zuge dieser Entwicklung differenziertere Funktionen, die gestalterischen Möglichkeiten erweiterten sich. Für Fassaden und Portale von Profanbauten bedienten sich die Architekten gerne des Formenrepertoires früherer Epochen, auch jener Elemente, die zuvor Sakralbauten vorbehalten gewesen waren, und passten sie dem jeweiligen Zeitgeschmack an.

Die Industrialisierung und die Entwicklung der abstrakten Formensprache der Moderne im 19. und besonders im 20. Jahrhundert, die gleichzeitige Ökonomisierung aller Lebensbereiche und die Technisierung des privaten Wohnens hat die Gestaltung der Eingangsbereiche stark verändert. Die Formensprache verzichtete auf üppige Ornamente, die Verfahren wurden technischer, die Materialien transparenter, und die Ausführung orientierte sich überwiegend an funktionalen Erfordernissen.

Der Eingang und seine Funktionen

Der Eingang in ein Gebäude vereint eine ganze Reihe von unterschiedlichen Funktionen, die in eine gestalterische Lösung zusammengeführt werden müssen: Zugang, Öffnung, Zeichen, Tür, Schwelle, Geste, räumliche Organisation und Orientierung im Raum, Ankommen, Ablegen und dies alles auch in umgekehrter Reigenfolge – eine Vielfalt an Bedürfnissen, die wir beim Betreten eines Gebäudes haben und auf die im Bereich des Eingangs mit baulichen Mitteln eingegangen werden muss.

Der Außenraum

Alle Gebäude trennen Außen und Innen. Sie befinden sich als Objekt im urbanen oder ländlichen Raum und sind Teil der Landschaft oder der Stadt. Von diesem Umfeld her müssen sie erschlossen werden, indem ein Weg ins Innere angelegt wird.

Der Weg

Wenn wir ein Gebäude betreten, legen wir einen klar definierten Weg zurück, der aufgrund der Entwurfsabsicht der Architekten in einer bestimmten Form realisiert worden ist. Dieser hat selbstverständlich zunächst die Funktion, in das Gebäude zu führen. Je nach Situation ist der Weg kürzer oder länger, er bietet die Gelegenheit, auf das Gebäude als Objekt einzustimmen, den Übergang von außen nach innen zu inszenieren und schließlich auf das Raumerlebnis im Inneren vorzubereiten. Diese räumliche Inszenierung ist in der Vergangenheit, meist für sakrale oder säkulare Prachtbauten, räumlich und zeitlich enorm ausgedehnt worden, denken wir nur an die Schlösser der Barockzeit, bei denen der Weg zum Eingang oft über hunderte von Metern zelebriert wird. Der Weg also sagt etwas über das Gebäude aus, die Bedeutung seines Inhalts und auch über das Selbstverständnis der Hausherren.

Der Zugang

An ein Gebäude gelangt man über eine Zufahrt, Auffahrt oder Hofeinfahrt, in städtischer Lage direkt von der Straße. Das Betreten eines Gebäudes ist für uns im Normalfall alltäglich, selbstverständlich; diese Zugänglichkeit macht als Eintreten in den Schutz bietenden Innenraum einen fundamentalen Sinn von Architektur aus: Außen die natürlichen, unkontrollierbaren Witterungsbedingungen, Fauna und Flora, unbekannte Menschen, Verkehr, Lärm und Unruhe; innen ein moderiertes Klima, Ruhe und eine geschützte Umgebung.

Die Sicherheit

Zu den wesentlichen Funktionen des Zugangs gehört die Gewähr von Sicherheit der Menschen im Gebäude im Fall von natürlichen oder technischen Notfällen. Damit sich diese nicht zu Katastrophen entwickeln, werden vielerlei Vorkehrungen getroffen. In der deutschen Baugesetzgebung wird, wie in den meisten Staaten, ein zweiter oder mehrfacher Fluchtweg aus einem Gebäude in bestimmten Abständen gefordert, die gewisse Brandwiderstandsklassen, je nach Größe des Gebäudes,

Die Brücke als Leitmotiv für einen klar definierten Weg. Hochschule Pforzheim, Fachbereich Technik, 1999, Pforzheim Architekten Klein und Breucha

erfüllen müssen. Diese Fluchtwege dienen auch den Einsatzkräften von Polizei, Feuerwehr und Rettungsdiensten als sichere Rettungswege.

An die Materialien, die für diese Zugänge verwendet werden dürfen, werden besonders hohe Anforderungen gestellt. Zurzeit gelten in Deutschland parallel die deutsche Vorschrift DIN 4102-5/DIN 18095 und die europäische DIN EN 13501-2, die das Verhalten der Baustoffe im Falle eines Brandes definieren und sicherstellen, wie lange diese ihre tragenden Eigenschaften beibehalten.

Die Öffnung

Eine Wand ohne Öffnung ist undurchdringlich, der Eingang also eine Notwendigkeit. Ebenso notwendig ist die Verschließbarkeit dieser Öffnung. Der Eingang und seine Verschließbarkeit sind eine Bedingung jedes Gebäudes, wenn man von einigen Sonderbauwerken, etwa den Grabmälern, absieht. Beide Funktionen sind untrennbar mit der Wand verknüpft. Über Jahrhunderte haben sich Sicherheitsexperten mit dem Problem des sicheren Schließens auseinandergesetzt und mit vielen praktischen Erfindungen ihren Beitrag zum Standard, wie wir ihn kennen, geleistet. Interessant sind für uns heute die Lösungen, wie die beiden unterschiedlichen Aspekte, das Eintreten in ein Gebäude und das Verlassen eines Gebäudes umgesetzt werden, die Mittel, deren sich die Gestalter bedienen, um Einlass und Sicherheit zu gewährleisten.

Öffnungen in der Wand sind aufgrund ihrer Notwendigkeit an jedem Gebäude in variantenreicher Form zu finden, sie stellen einen beträchtlichen Anteil am grundlegenden Repertoire der architektonischen Gestaltung dar. Ob geschlossen oder offen, Betonung der Horizontalen oder der Vertikalen, flache oder tiefe Einschnitte – derartige Entscheidungen bestimmen den Rhythmus der Fassade und damit die gesamte Erscheinung eines Gebäudes; dem Eingang kommt auch hier eine herausgehobene Bedeutung zu.

Die Eingangstür

Den Durchgang durch die Wand gewähren Türen. Ob einfache Tür, ein Türelement, eventuell mit seitlichen Verglasungen, ein etwas größeres zweiflügeliges Tor oder gar ein Portal, das den Eingang mit einem Portikus akzentuiert und entsprechende

Landschaft und Terrain geben den Weg vor. Bibliothek Technische Universität Delft, 1997, Delft, Niederlande Architekten mecanoo architecten

Drehtür. Headquarters Pensionfund AZL, 1995, Heerlen, Niederlande, Architekten Wiel Arets Architects

Fernwirkung hat – grundsätzlich bleibt es das Element, das sich öffnen und wieder schließen lässt. An diesem Punkt liegt eine der wichtigsten Schnittstellen zwischen Innen und Außen, die verschiedene Ströme kanalisiert: Wind und Wetter, Licht und Waren und vor allen Dingen Personen. Diese Schleusenfunktion ist die wichtigste Eigenschaft der Haustür, sie trennt und verbindet, je nachdem, ob sie geöffnet oder geschlossen ist.

Die Schwelle

Die Trennung von Innen und Außen ist ein fundamentales Merkmal für Architektur. Zwischen dem Außen und dem Innen liegt ein Übergang, der in der Schwelle Form wird. Das Bauteil Schwelle bezeichnet im ursprünglichen Sinn den unteren horizontalen Balken, auf dem ein Holzbau errichtet wird. Schwellen gewährleisten eine ebene, exakt horizontal nivellierte Fläche, auf welcher der weitere Bau vertikal aufgerichtet werden kann. Die Türschwelle entwickelte sich auf dieser konstruktiven Schwelle später als unterer Anschlag für die Tür; sie markiert auf dem Boden den Übergang.

Lag bis zu Beginn des 20. Jahrhunderts der Schwerpunkt auf der Trennung von Innen und Außen, so hat sich dies mit der großflächigen Verwendung von Glas in der Architektur verändert, wir haben es heute mit einem differenzierten Übergang von Außen nach Innen zu tun. Die Grenze, die früher ganz klar gezogen war, hat sich in einen graduellen Übergang gewandelt, so dass das Erlebnis des Schwellenübertritts in den Hintergrund rückt.

Bestimmte Räume markieren Schwellen in einem weiteren Sinn. Sakrale Räume stellen in jeder Religion eine Verbindung zu metaphysischen Räumen dar, werden errichtet als Gotteshaus, als Ort der Begegnung des Menschen mit seinem Gott. Planetarien verbinden den Menschen mit dem Universum, Museen mit der Vergangenheit und Kinosäle mit den fiktiven Räumen von Erlebniswelten.

In unserem Kulturbereich können wir ganz allgemein beobachten, dass vertraute Schwellensituationen im realen und übertragenen Sinn abgebaut werden und in den Hintergrund treten. Im architektonischen Umfeld werden sie häufig durch Zonen, Bereiche und Transitsituationen ersetzt, die den Weg von Außen nach Innen zu einem eher fließenden Übergang machen, der die eigentliche Schwelle immer weniger deutlich macht. Dies hängt selbstverständlich mit einer offenen Gesellschaft von selbständigen Individuen zusammen, in der jeder selbstverantwortlich seinen Weg gehen möchte. Aus dieser Perspektive ist Barrierefreiheit die logische Konsequenz einer allgemeinen Entwicklung, mit dem Ziel, dem Einzelnen den Zutritt zu Gebäuden, öffentlichen wie privaten, so einfach wie möglich zu machen.

Die einfache Orientierung, die ein konsequent gestalteter Eingang in einem hierarchisch strukturierten Gebäude ermöglicht, ist für Gebäude mit in der Tiefe gestaffelten Übergängen häufig nicht mehr ohne weiteres gegeben. Moderne Informations- und Wegeleitsysteme ergänzen, was die Architektur in ihrer Komplexität oft nicht mehr zu leisten im Stande ist. Dies gilt ganz besonders auch für die Erschließung durch Tiefgaragen, heute ein weit verbreitetes Zugangsprinzip in einer Gesellschaft, in der sich fast jeder des Autos bedient.

Die Schwellensituation hat, von der baulichen Situation abgeleitet, auch einen weiteren Sinn erhalten: Indem wir eine Schwelle überschreiten, erfahren wir etwas Neues oder Durchleben eine Entwicklung, die uns neue Räume im weitesten Sinn eröffnet. Die

**Ohne Alternative: Die Trittsteine im Wasser führen zur Tür.
Grabkapelle Brion, 1969 ff., San Vito d'Altivole, Treviso, Italien
Architekt Carlo Scarpa**

Schwelle zu überschreiten stellt immer einen akzentuierten Vorgang dar, einen bewussten Akt; die Gestaltung fließender Übergänge reduziert lediglich die Schwellenwirkung.

Der Innenraum

Eingangsräume haben eine Mehrfachfunktion: Ankommen und Weitergehen; Aufenthalt und Transit; Sammeln und Verteilen; Verlassen. Diese einander gegensätzlichen Funktionen müssen gleichzeitig nebeneinander, nacheinander und in gegenläufiger Richtung gewährleistet sein, in einem stimmigen, harmonischen Raum und als einheitliches Erlebnis erfahren werden können. Eintreten und Verlassen des Gebäudes finden meist an derselben Stelle statt, nur eben in gegenläufiger Richtung. Diese Ambivalenz ist ein besonderes architektonisches Phänomen.

Foyer, Empfang, Halle, Diele, Windfang und Flur: den Maßstab und die Dimension dieser Räume bestimmt der Zweck des Gebäudes und mit diesem die Anzahl der Personen, die eintreten und ihren Platz finden sollen. Zudem ist der direkte Zusammenhang zwischen der Größe des Eingangsbereiches und der Dimension des gesamten Gebäudes offensichtlich. Sehr große Gebäude benötigen sogar mehrere Eingänge, um reibungslos zu funktionieren: Falls sie Fassaden zu mehreren Straßen haben, erfordert es oft schon der Bezug zum Straßenraum, dass die Gebäude mehrfach erschlossen werden. Daraus ergeben sich weitere komplexe Bezüge für die Organisation von Weg, Orientierung und das Erleben von Raum und Gebäude.

Das Erlebnis

Wie wir ein Bauwerk erleben, hängt von unterschiedlichen Faktoren ab: der Länge des Wegs zum Eingang, der Zeit, die wir darin verbringen, dem Zweck, zu dem wir es betreten, den Menschen, denen wir darin begegnen, der Differenziertheit und dem Detailreichtum seiner Gestaltung und nicht zuletzt der Wirkung des Gebäudes auf uns. In jedem Fall ist es Aufgabe der Architektur, eine bestimmte Wirkung auf die Menschen zu erzielen: Offenheit oder Geschlossenheit, Erhabenheit oder Alltäglichkeit, Bescheidenheit oder Pracht – es sind ganz unterschiedliche Emotionen, die geweckt werden sollen, je nachdem, welchem Zweck das Gebäude dient und welche Absichten Bauherren und Architekten in ihrem Entwurf umsetzen wollen.

Der Eingang ist also die Ouvertüre des architektonischen Erlebnisses, und allein aus diesem Grund kommt ihm und seiner Gestaltung ganz besondere Bedeutung zu.

Wo geht's hier rein?

Erschließung und Organisation eines Eingangsbereichs

Bewegungsabläufe bestimmen die Erschließung: Der Weg zum Gebäude, in das Gebäude und dann darin, in horizontaler und vertikaler Richtung. Der Eingang bildet die Schleuse, den Engpass. Insbesondere wenn große Gebäudekomplexe über mehrere Zugänge gleichzeitig verfügen, wird es für die Nutzer kompliziert, sich zu orientieren.

Die Anzahl der Menschen ist das Hauptkriterium für die Planung der Erschließung öffentlicher Gebäude. Wie viele Menschen in welcher Zeit? Einige hundert am Tag oder in einer Stunde? Im privaten Bereich spielt diese Überlegung keine Rolle, für die Architekten von Gaststätten, Hotels, Versammlungsstätten, Tagungs- und Konferenzsälen, Auditorien, Hochhäusern, Stadien, Bahnhöfen und Flughäfen dagegen umso mehr. Je größer die Zahl der Menschen, umso aufwendiger sind diese Planungen. Sie beginnen mit den Anfahrtswegen, Fernstraßen, Fernbahnen und der Erschließung durch den öffentlichen Personennahverkehr. Parkmöglichkeiten für hunderte oder gar tausende von Fahrzeugen und eine Vielzahl von Eingängen sind das Kennzeichen von Stadien, Flughäfen oder Messegeländen. Bei Hochhäusern steigert sich das Problem in die dritte Dimension: Anfahrt und Parken, dann der Weg zu den Arbeitsplätzen oder zur Wohnung nach oben.

In der Planung versucht man, die Bewegungsrichtungen der Menschen zu ordnen und zu lenken, damit die alltäglichen Abläufe in derartigen Gebäuden reibungslos und ohne Stauungen erfolgen können. Niemand möchte auf dem Weg in das Konzert oder zum Fußballspiel, zum Flugzeug oder zur Bahn unnötig lange aufgehalten werden, denn jeder hat die belastende Situation des Zu-spät-Kommens oder Beinahe-zu-spät-Kommens schon erlebt.

Organisation und Wegeführung

Die Wege durch ein Gebäude werden nach unterschiedlichsten Kriterien geplant. Zunächst müssen alle Räume zugänglich gemacht werden. Mit zunehmender Größe eines Bauwerks und mit der steigenden Anzahl der Räume nimmt die Komplexität dieser Aufgabe stetig zu, sie wird gleichzeitig abstrakter, vor allen Dingen mit steigender Zahl der Geschosse. Ein Hochhaus ist von innen nur noch im Bezug nach draußen als solches zu erleben, die Geschosszahl erlebt man im Inneren nur als Fahrtzeit im Aufzug.

Am einfachsten zu verstehen sind lineare Wegeführungen ohne Verzweigungen, die nur die Möglichkeit des Hin und Zurück bieten. Alle möglichen Ziele liegen an diesem Weg. Komplizierter wird es bei ringförmigen Fluranlagen, da man bei einem Richtungswechsel schnell die Orientierung verlieren kann, und es wird weitaus schwieriger, wenn sich Flure verzweigen, denn dann ist es ohne die Unterstützung durch ein Wegeleitsystem nicht möglich, sich zu orientieren.

Eingangsschleuse, Windfang und Warmluftschleier trennen Außenklima und Innenklima auf eine Art und Weise, dass eine möglichst geringe Beeinträchtigung des Innenklimas eintritt. Das Bestreben geht heute verstärkt dahin, im Innenraum möglichst konstante klimatische Bedingungen zu schaffen, ohne den Bereich von Ein- und Ausgang allzu sehr zu verbauen, denn häufig ist ein hohes Maß an Transparenz das Ziel, um Einblick zu gewähren und den Eingang einladend zu gestalten.

Je nachdem ob Flur, Diele, Lobby, Eingangshalle und Foyer sind die Räume unterschiedlich groß; ihre Funktion ist es, Menschen in Gebäuden in Empfang zu nehmen. Hier liegt also eine halböffentliche Übergangszone, in der Informationen ausgetauscht, Orientierung geboten und Wege angeboten werden. Hier am Schnittpunkt der horizontalen und vertikalen Verteilung

Leichte Segel im Wind. Olivetti Deutschland, Haupteingang, 1972, Frankfurt
Architekt Egon Eiermann

übernehmen Flure die Weiterleitung an ein Ziel in der horizontalen Ebene, in Flughäfen, Messearealen und Nahverkehrssystemen bei langen Strecken auch Fahrbänder; in der Vertikalen bieten sich Rampen, Treppen und Aufzugsanlagen an. In öffentlichen Gebäuden helfen Wegeleitsysteme mit grafischen Übersichten, einzelne Räume zu finden und Fluchtwege aufzuzeigen.

Orientierung und Führung

Mit dem Eingang in ein Gebäude wird auch die Orientierung in ihm entworfen und gestaltet. Je kleiner ein Gebäude ist, umso einfacher ist diese Aufgabe zu lösen, allerdings sind auch die Gestaltungsmöglichkeiten geringer. Mit dem Umfang des Gebäudes wächst die Anforderung an die Orientierungsmöglichkeit im Gebäude.

Vor dem Gebäude lässt es der räumliche Abstand zu, sich selbst ein Bild zu machen und eine ungefähre Vorstellung von Größe und vielleicht auch innerer Struktur zu gewinnen. Je größer der Abstand ist, desto länger wird der Weg, und man hat mehr Zeit, das Ganze zu erfassen.

Im Gebäudeinneren gibt es grundsätzlich verschiedene Möglichkeiten, Orientierung zu geben. Bauliche Mittel schaffen Offenheit in Form von Lichthöfen, Galerien, Treppen- und Aufzugsanlagen und entsprechend einsehbaren Wegen, Transparenz und offenen Strukturen. Wenn es uns möglich ist, andere Menschen auf ihrem Weg durch das Gebäude zu beobachten, fällt uns die Orientierung leichter, als wenn uns enge und verwinkelte Flure und Korridore, womöglich ohne Bezug zum Tageslicht, verwehren, uns mit unserem Gesichtssinn zu orientieren. Insbesondere Tageslicht erleichtert das Zurechtfinden ungemein, da Sonnenlicht und Schattenwurf Auskunft über Himmelsrichtung und Uhrzeit geben – und danach richten wir uns in jedem Raum, gleich ob in einem Gebäude oder nicht. Sie geben uns auch darüber Aufschluss, ob wir uns über oder unter der Erde, ob wir uns in einem hohen Gebäude im Erdgeschoss oder in einem der oberen Geschosse befinden.

Es gibt allerdings viele Räume ohne Tageslicht, insbesondere Gebäudezugänge aus Tiefgaragen gehören hierzu. Selten genug werden bauliche Maßnahmen genügen, um die notwendige Orientierung zu bieten. Gerade in vielen innerstädtischen Gebäuden befinden sich Zugänge unter der Erde, meist zweckmäßig und wenig attraktiv gestaltet als Zugang im Sinne von Eingang, aber in derselben Funktion: Hier sind Orientierungssysteme und visuelle Wegeleitsysteme unabdingbar, die, grafisch abstrahiert, helfen, den richtigen Weg zu finden – auch zurück.

Da abstrakte Symbole für viele Menschen nicht leicht zu verstehen sind, insbesondere im Alter, wenn der Gesichtssinn beeinträchtigt ist, empfiehlt es sich, im Sinne der Barrierefreiheit Bilder zu gestalten: Farben und eindeutige Unterschiede helfen, verschiedene Ebenen zu unterscheiden. Die eindeutigen bildhaften Eindrücke eignen sich wegen des hohen bildlichen Erinnerungsvermögens unseres Gehirns ganz besonders, die Wahrnehmung zu verbessern und die Erinnerung an zurückgelegte Wege zu unterstützen. Das Auffinden der Etage, der Wohnung, oder des Parkdecks wird dadurch wesentlich erleichtert.

Die horizontale Linie des Daches war ein Muss, die Wandscheibe markiert den Eingang. Pavillon Weltausstellung 1929, Barcelona, Spanien
Architekt Ludwig Mies van der Rohe © VG Bild-Kunst, Bonn 2010

Architektonische Führung über die Diagonale der Gebäudestruktur. Erweiterung Verwaltungsgebäude Centraal Beheer, Tiefgarage, 1972, Apeldoorn, Niederlande
Architekt Herman Hertzberger

Konstruktion und Materialien

Die Art und Weise, wie ein Gebäude konstruiert wird, beeinflusst die Gestaltung des Eingangs ganz wesentlich. Besteht die Gebäudehülle aus traditionellen Massivwänden, ergibt sich ein klassisches Muster aus Wand und Öffnung, aus Lasten und deren Abtragung, die über den Grad der Öffnung entscheiden. Das Verhältnis von Öffnung zu Wand wird üblicherweise zugunsten größerer Wandflächen und kleinerer Öffnungen entschieden. Auch die Eingangssituation wird sich diesem Verhältnis in der Regel anpassen müssen, der Eingang wird entweder in das Gebäudevolumen geschnitten und als Durchdringung des Ganzen wahrgenommen, oder er wird vor das Gebäude gebaut und als Appendix aufgefasst. In beiden Fällen ist er grundsätzlich als Eingang zu erkennen, da er einen gestalterischen Eingriff in die Gebäudeoberfläche darstellt.

Handelt es sich jedoch um einen Skelettbau, unabhängig davon, ob die Tragstruktur aus Stahl, Beton, Holz oder einem anderen Material besteht, ergeben sich andere Notwendigkeiten, vor allem aber auch erweiterte gestalterische Möglichkeiten. Da die Fassade eines Skelettbaus heute in der Regel unabhängig von der Tragstruktur entwickelt wird, kann sie vor diesem Skelett ein Eigenleben führen, das sich vor allem im Eingangsbereich gestalterisch nutzen lässt. Die Verbindungen von Struktur und Hülle werden auf das statisch notwendige Maß reduziert. Der Eingang stellt deshalb nicht mehr in dem Maße einen Einschnitt dar wie bei einem Massivbau, denn er ist integraler Bestandteil der äußeren Hülle. Diese Tatsache führt in der Konsequenz dazu, dass der Eingang als solcher fast nicht mehr zu erkennen ist. Für die Gestaltung müssen dann andere Konzepte entwickelt werden. Entweder negiert man eine Hervorhebung des Eingangs und vertraut auf kleine Gesten und Zeichen, oder man verwendet gestalterische Mittel, die in der Architekturgeschichte seit langem erprobt sind: etwa Vordach, Treppenaufgang, Rampe, Portal.

Materialien in Eingangsbereichen

Der Eingang in ein Gebäude bedarf als Grenze zwischen der Witterung ausgesetztem und geschütztem Raum besonderer

Der Treppenaufgang ist wegweisend. Salk Institute, 1965, La Jolla, Kalifornien, USA
Architekt Louis Kahn

Nicht barrierefrei, aber sehr kommunikativ ist der Treppenaufgang in die Openbare Basisschool De Evenaar, 1986, Amsterdam, Niederlande
Architekt Herman Hertzberger

Sorgfalt bei der Wahl der Materialien. Dabei gilt es zu berücksichtigen, dass an der Haustür Materialien unterschiedlicher Eigenschaften und Belastbarkeit miteinander in Verbindung treten.

Außenbereich

Im Außenbereich sind Witterungsbeständigkeit und mechanische Belastbarkeit ausschlaggebend. Materialien wie Natur- oder Werkstein, Beton, Stahl, Aluminium, Asphalt oder Glas sind hier die erste Wahl. Schon der Werkstoff Holz fordert besondere Aufmerksamkeit, da er konstruktiv geschützt werden muss und dies in allen Anwendungsbereichen, als Bodenbelag, Wandoberfläche oder bauliches Detail.

Haustüren

Das Wetter bestimmt auch für die Haustür Materialwahl, Ausführung und Details. Die Beanspruchung des Materials der Haustür ist sehr unterschiedlich und hängt von der baulichen Situation am Gebäude ab. Liegt die Haustür zum Beispiel tief in das Gebäude eingeschnitten und ist sie überdacht, wird sich die Bewitterung in Grenzen halten. Direkt in der Außenwand, vielleicht auch noch ohne Vordach, ist sie in unseren Breiten Feuchtigkeit, Schnee und, je nach Himmelsrichtung, dem Sonnenlicht direkt ausgesetzt.

Die Energieeinsparverordnungen der vergangenen Jahre haben auch auf Haustüren Auswirkungen gehabt, denn die Verglasungen und die Türblätter selbst mussten dem Standard der Wärmedämmung angepasst werden. So müssen heute alle neuen Hauseingangstüren den Standard der ENEV 2009 erfüllen, gleich aus welchem Material sie gefertigt sind. Türen aus Stahl und Aluminium werden wie auch Fenster und Rahmen aus diesem Material mit thermisch getrennten Profilen ausgeführt, um Tauwasser und Kondensat auf den inneren Oberflächen in der kalten Jahreszeit zu vermeiden. Bei Konstruktionen aus Holz oder Kunststoff ist dieser Aufwand nicht notwendig, da der Wärmeleitfähigkeitskoeffizient dieser Materialien höheren Wärmeschutz gewährleistet.

Verglasungen

Das Material, das die Entwicklung des Eingangs von einem verschließenden zu einem öffnenden Element überhaupt erst ermöglicht hat, ist Glas. Es versinnbildlicht wie kein anderes Material die Ambivalenz des Eingangs als visuell und real verbindendes Element mit der Funktion der Trennung in physischer, klimatischer und sicherheitstechnischer Hinsicht.

**Auf- und Abgänge definieren Wege in die Struktur der Gebäude. Haus Genter Straße 13, 1972, München
Architekten Steidle und Partner**

**Klassisches Motiv: Stützen markieren den Eingang. Villa Savoie, 1931, Poissy, Frankreich
Architekt Le Corbusier © FLC/VG Bild-Kunst, Bonn 2010**

Freier Durchblick im Eingang: Die statisch notwendigen Stützen ermöglichen den freien Grundriss, großflächige Verglasung die Transparenz. Villa Savoie, 1931, Poissy, Frankreich
Architekt Le Corbusier © FLC/VG Bild-Kunst, Bonn 2010

Das hört sich einfach an, hat aber eine Vielzahl von Innovationen erfordert, um Gläser herstellen und verarbeiten zu können, die es ermöglichen, offen, hell und einladend wirkende Eingänge und Gebäude zu gestalten. Die physikalischen Eigenschaften, die Gläser dafür haben müssen, sind vielfältig: Planheit auch größter Scheiben, Bruch- und Verletzungssicherheit in Form von Einscheiben- und Verbundscheibengläsern und Reflexion des Sonnenlichts durch entsprechende Oberflächenvergütungen seien an dieser Stelle genannt.

Beim Einbau der Scheiben ist selbstverständlich der Wärmedurchgang in beide Richtungen, in der kalten Jahreszeit von innen nach außen, in der warmen von außen nach innen, die wichtigste Funktion, die das Glaselement erfüllen muss. Im Zuge immer höherer Anforderungen an diese Eigenschaft werden die Konstruktionen immer aufwendiger. Da Verglasungen im Vergleich mit nicht transparenten Bauteilen immer sehr dünne Elemente sind, baut man auch sie zunehmend aus mehreren Schichten auf. Für besonders energieeffiziente Gebäude werden Verglasungen heute oft schon als Dreifachverglasung ausgebildet.

Der Innenausbau

Für den Innenraum, der mit der Witterung indirekt in Kontakt kommt, gelten ähnliche Überlegungen, allerdings ist die Belastung wesentlich geringer. Die Feuchtigkeit ist im Eingangsbereich eine kurzfristige, vorübergehende Belastung. Die Sonneneinstrahlung, vor allem die UV-Anteile des Tageslichts spielen in Innenräumen nur auf der Südseite eine Rolle.

Insbesondere Bodenbeläge wählt man für den Eingangsbereich im Hinblick auf Feuchtigkeit, Verschleiß und Pflege. Traditionell finden wir in Eingängen öffentlicher Bauten Steinböden, die heute um eine Sauberlaufzone ergänzt werden. Höchst aktuelle Alternativen bieten Beschichtungen aus Polyurethan- oder Epoxidharzen, die mit Zuschlägen aus Quarzsanden oder Farbpigmenten gestalterisch und funktional der jeweiligen Situation angepasst werden können. Rutschfestigkeitsklassifizierungen sind genau zu beachten, denn die Gefahren, die von feuchten Böden ausgehen können, sind groß, vor allem auf Steinböden ist die Verletzungsgefahr erheblich.

Holzböden finden sich selten im öffentlichen Bereich, im privaten dafür umso häufiger. Die erforderliche Härte und die Beständigkeit gegen Feuchtigkeit engen die Wahlmöglichkeit

Vordach und Vorplatz identisch definiert. Atelier Rémy Zaugg, 1997, Mulhouse-Pfastatt, Frankreich
Architekten Jacques Herzog und Pierre de Meuron

Das halbe Gebäude ist Vordach. Aussegnungshalle Skogskyrkogården (Waldfriedhof) Enskede, 1920, Stockholm, Schweden
Architekt Gunnar Asplund

unter den in Frage kommenden Hölzern stark ein; heimische Holzarten wie Eiche, Esche oder Robinie sind relativ unempfindlich, Bambus und andere Plantagenhölzer wie Teak oder Bankirai aus Übersee ergänzen das Angebot. Besonders edle Hölzer wie Wenge bleiben Einzelfällen vorbehalten. Ein Problem ist nach wie vor die Zertifizierung der Hölzer aus Übersee, die nachweist, dass diese aus nachhaltiger Waldbewirtschaftung stammen und nicht aus wilden Rodungen. In Deutschland bietet das FSC-Gütesiegel Sicherheit.

Technik im Eingangsbereich

Zugangskontrollen

Der Eingang in ein Gebäude ist eine ambivalente Situation. Die Öffnung in der Wand ist unumgänglich, um in das Innere zu gelangen, es nutzen zu können. Darüber hinaus ist in vielen Fällen der ungehinderte Zugang auch erwünscht, er wird dementsprechend vereinfacht und gestalterisch inszeniert. Öffentliche Gebäude zeichnen sich durch eben diese Offenheit aus, Warenhäuser sind per se offen und werben um Kunden. Bauten für den privaten und den öffentlichen Verkehr sind oft rund um die Uhr geöffnet, um den Reisenden alle nur denkbaren Erleichterungen zu bieten.

Bei aller Offenheit, bei allen Gastfreundschaft und Umsatz fördernden Maßnahmen gehört aus unterschiedlichsten Gründen jedoch auch die eine oder andere Form der Zugangskontrolle zum Standard der Eingangsgestaltung. Im Wesentlichen geht es um Aspekte der Sicherheit in unterschiedlichsten Formen.

Schließlich gibt es Gebäude, deren Betreten nur ausgewählten Personen gestattet ist. Dazu zählen längst nicht mehr nur militärische Anlagen, sondern auch andere sicherheitssensible Einrichtungen wie Institutionen von nationaler oder internationaler Bedeutung, logistische Einrichtungen der Energie- oder Trinkwasserversorgung und des öffentlichen Verkehrs, Museen, Kliniken, Rechenzentren, Forschungseinrichtungen und Industrieanlagen.

Die technischen Möglichkeiten haben sich seit der Erfindung mechanischer Schlösser vervielfacht. Insbesondere Bedrohungsszenarien wie sie zuletzt von der amerikanischen Regierung in der Folge des 11. September 2001 erstellt wurden und damit einhergehende Forschungs- und Investitionsprogramme haben in den zurückliegenden Jahren dazu beigetragen, die Entwicklungen auf dem Gebiet der Überwachung, Kontrolle und Identifikation von Personen atemberaubend zu beschleunigen.

Pförtner, Concierge, Videokontrollraum

Der Tür- oder Torwächter gewährleistet die Sicherheit von Gebäudebewohnern, meist zusätzlich zu einem Schließmechanismus, den er gegebenenfalls betätigt. Heute wird diese Tätigkeit meist mit der Kontrolle durch Videoanlagen kombiniert, so dass der Mensch sich nicht mehr unbedingt in der Nähe des Eingangs aufhalten muss. Der Einsatz von Überwachungskameras ermöglicht es wenigen Personen, nicht nur den Eingangsbereich im Auge zu behalten, sondern sozusagen mit vielen Augen gleichzeitig den Überblick über ein ganzes Gebäude und das Gelände, auf dem es sich befindet, zu behalten.

Alarmanlagen

Alarmanlagen registrieren jede Annäherung an Gebäude oder Grenzen und reagieren auf sehr unterschiedliche Weise, offen mit akustischen und visuellen Signalen oder verdeckt mit der Benachrichtigung von Sicherheitsdiensten. In der Regel registrieren bei diesen Anlagen optische Sensoren (Bewegungsmelder, Lichtschranken usw.), die beispielsweise Beleuchtungseinrichtungen aktivieren oder Kameras steuern, Veränderungen oder Bewegungen.

Automatische Türschließer

Die Möglichkeit, Türen und Tore mit automatischen Schließeinrichtungen zu kombinieren, bedeutet nicht nur Komfort für den Nutzer, sondern hat primär die Funktion, klimatische Unterschiede zwischen innen und außen zeitlich zu begrenzen. Hinzu kommt der Brandschutz, denn automatische Türschließer sollen auch verhindern, dass sich Rauch und Abgase eines Brandherdes schnell in einem ganzen Gebäude ausbreiten. Selbstverständlich sind automatische Türschließer auch für Sicherheitskräfte von Bedeutung, um bei Gefahr bestimmte Teile eines Gebäudes von anderen abschotten zu können.

Biometrische Zugangskontrollen

Für Gebäude oder Einrichtungen mit besonderen Sicherheitsvorkehrungen, etwa Flughäfen, militärische Sperrbereiche oder Forschungseinrichtungen, sind unterschiedlichste Verfahren entwickelt worden, um Personen zu identifizieren, zum Beispiel Finger- und Augenscan, automatische Gesichtserkennung, (Ganz-)Körperscanner. Die Technik beruht auf dem Abgleich bekannter Körpermerkmale aus einer Datenbank, die im Vorfeld erfasst sein müssen, und dem Ergebnis des Scans. Da in jedem Fall gesammelte Daten verwendet oder die neu erfassten gespeichert werden können, ist diese Form der Zugangskontrolle ein brisantes Thema für den Datenschutz.

Drehkreuz und Schranke

Die beiden urtümlichen Formen der Zugangsbeschränkung aus mechanischen Urzeiten, Drehkreuz und Schranke, finden wir auch heute noch, um den Zugang einer größeren Anzahl von Personen oder Fahrzeugen zu begrenztem Terrain zu verlangsamen und kontrollierbar zu machen.

Elektronische Überwachung, Elektronische Zugangskontrolle EZK

Dies sind Oberbegriffe für alle technischen Einrichtungen, die elektronische Bauteile nutzen, um in Eingangsbereichen den Zugang zu überwachen und das unberechtigte Betreten durch nicht legitimierte Personen zu verhindern. Dazu gehören Bewegungsmelder und Videoüberwachung.

Personenschleuse

Die kabinenartige Personenschleuse gibt es in unterschiedlichsten Ausführungen in runder wie auch rechteckiger Form, sie gewährt mithilfe unterschiedlicher Erkennungssysteme (Metalldetektoren, Körperscan) nur Personen den Durchgang, die keine unerlaubten Gegenstände mit sich führen.

RFID (radio frequency identification)

Das RFID-Verfahren autorisiert in der Regel nicht den Zugang einer bestimmten Person, der programmierte Chip sichert eher Waren. Doch sind die Anwendungsmöglichkeiten so vielfältig, dass auch Personen ihn zur Identifizierung tragen können.

Schloss und Riegel

Seit etwa 150 Jahren vereinen Sicherheitsschlösser, was früher zwei voneinander unabhängige Einrichtungen gewährleistet haben: Das Schloss öffnet, der Riegel verschließt. Seit der Erfindung des Sicherheitsschlosses (Linus Yale, U.S.-Patent 1865) sind Falle und Riegel mit einem Schlüssel und einer Hand in einer Bewegung bequem zu bedienen.

Türspion

Eine kostengünstige Variante festzustellen, wer sich vor der Eingangstür befindet, ist der Spion, der in die Tür eingebaut ist. Selbst im Zeitalter von Gegensprechanlage und Videokontrolle findet er sich nach wie vor in großen Wohnanlagen, da nicht mit Sicherheit bestimmt werden kann, wer sich Zugang zum Gebäude verschafft.

Türsprechanlage, Türöffner

Das Zusammenspiel von Gegensprech- und Klingelanlage mit dem elektrischen Türöffner hat den täglichen Betrieb in großen Wohnanlagen wesentlich vereinfacht. Es war nicht mehr notwendig, an die Haustür zu gehen, um die Tür zu öffnen, da

**Der Eingang als Durchgang. Haus Babanek, 1991, Brühl
Architekt Heinz Bienefeld**

auch ohne Sichtkontakt geklärt werden kann, wer eingelassen werden soll. Heute wird diese Kombination meist um eine Videokamera erweitert.

Überwachungskamera, Videocontrol

Heute ist es ohne weiteres möglich, sofort ein Bild von Personen vor der Haustür auf dem Display an der Türstation zu sehen, das von integrierten Kameras über Datenleitung geliefert wird. Dies funktioniert sowohl bei Tag als auch bei Nacht; die integrierte Infraroterkennung macht es möglich. Die Kameras sind heute so klein, dass sie unauffällig platziert und eingebaut werden können. Mehrere Kameras können am und um das Gebäude verteilt und an einem Terminal überwacht werden.

Gestaltung

Der Eindruck

Der Eingang ist Teil der Fassade, der Ansicht. Er gliedert diese Fassade in Verbindung mit den anderen Öffnungen und trägt zur Wirkung eines Gebäudes auf den Menschen bei. Die Gestaltung bestimmt die Geste, mit der ein Gebäude und auch seine Nutzer oder Bewohner dem Besucher gegenübertreten.

Der Übergang vom Straßenraum in den Innenhof.
Woningencomplex LiMa, IBA 1986, Berlin
Architekt Herman Hertzberger

Richtungweisend. Der Aufgang zum Castelgrande, 1981,
Bellinzona, Schweiz
Architekt Aurelio Galfetti

Selbstverständlich bestimmen die architektonischen Elemente, wie ein Gebäude dem sich Nähernden begegnet, mit einem Vordach, einem Portikus oder einem Portal auf Stützen, gar Säulen, oder mit dem Eingang zurückhaltend in einem Winkel oder Einschnitt des Bauwerks. Das eine Mal scheint uns das Haus offen zu empfangen, das andere Mal eher schroff abzuweisen. Dieser erste Eindruck vermittelt dem Eintretenden auch mehr oder weniger deutlich, wie die Hausherren selbst gesehen werden möchten, es werden also bewusst Signale gesetzt.

Torhaus moderner Prägung. Architekturfakultät, 1995, Porto, Portugal
Architekt Álvaro Siza Vieira

Die Inszenierung

Der Eingang ist Teil des Erschließungssystems, des äußeren und des inneren. Je nach Anspruch und Bedeutung eines Gebäudes wird diese Erschließung als Weg in Szene gesetzt, der vorgibt, wie das Bauwerk erlebt werden soll. Außen wie auch innen ist es vor allem eine Frage des zur Verfügung stehenden Raums, wie umfangreich und aufwendig der Zugang gestaltet werden kann. Offensichtlich ist die Länge des hinführenden Wegs entscheidend für die Wahrnehmung von Gebäude und Eingang, da wir Räume nur in der Bewegung in der Zeit, also als aufeinander folgende Eindrücke erleben können.

Insbesondere für große Anlagen, sakrale Bauten, Paläste, Regierungsgebäude, Grabmäler oder auch Friedhöfe, spielt dieser Weg eine besondere, oft rituelle Rolle, da Feierlichkeiten häufig die Form von Paraden, Prozessionen oder Umzügen haben.

Die Bedeutung

Das architektonische Element Eingang in seiner Bedeutung für ein Bauwerk wurde in der Vergangenheit und wird immer noch mit verschiedensten gestalterischen Mitteln unterstrichen – seit den Anfängen der Baukunst insbesondere durch Tore und ganze Torbauten, Portale oder den Portikus auf Säulen,

Das Stützenmotiv als überdimensionales Portal. Pinakothek der Moderne, 2002, München
Architekten Stefan Braunfels Architekten

oft auch in monumentalen Ausmaßen. Neben abstrakt-geometrischen Formen, die einen Eingang kennzeichnen, gab es in verschiedenen Epochen auch ausgeprägten Figurenschmuck über dem Eingang, der der Fassade eine zeichenhafte Fernwirkung verlieh. Die bildhauerische Arbeit, halb- oder vollplastisch, fehlt meist an modernen Eingängen. Künstlerische Gestaltung am Bau findet man vor oder im, selten aber am Gebäude.

Im Zuge der Konzentration auf das funktional Wesentliche werden die Bauteile selbst zu abstrakten, durchgestalteten Zeichen, etwa das Vordach, der Aufgang in Form einer Treppe und/oder Rampe, eine Firmeninschrift mit einem Logo oder eine Kombination dieser Elemente. Zunehmende gestalterische Bedeutung gewinnt die Beleuchtung zur Inszenierung der Eingänge. Die Summe der verwendeten Zeichen verweist schließlich auf den Eingang und seine Bedeutung.

Barrierefrei – Komfort für alle

Gebäude nach den Grundsätzen des barrierefreien Bauens zu planen und zu errichten hat sich in den vergangenen Jahren mehr und mehr durchgesetzt. Das Verschwinden von Hindernissen erleichtert nicht nur versehrten Menschen das tägliche Leben, sondern jedem, der nur zeitweise in seiner Bewegungsfreiheit eingeschränkt ist, etwas Sperriges zu transportieren hat oder mit dem Kinderwagen unterwegs ist.

Die moderne Reduktion auf die minimale Geste. Kunsthaus Bregenz, 1997, Bregenz, Österreich
Architekt Peter Zumthor

Headquarters Pensionfund AZL, 1995, Heerlen, Niederlande
Architekt Wiel Arets Architects

25

Treppenstufen sind unüberwindlich, Schwellen behindern Rollstuhlfahrer, Aufzugskabinen sind zu eng, um darin mit einem Rollstuhl wenden zu können, Hinweisschilder im öffentlichen Raum werden zu klein bedruckt, für Menschen mit eingeschränktem Sehvermögen fehlt es an Hilfen, sich zu orientieren: Diese kleine Auswahl alltäglicher Situationen betrifft Eingangsbereiche vor oder in Gebäuden.

Die Ausdehnung der Barrierefreiheit über geschlossene Räume hinaus auf öffentliche Verkehrs- und Grünanlagen oder Spielplätze sorgt auch dort für eine gewisse Bewegungsfreiheit für Menschen mit Handicap. Für die Planung von Eingängen bringen die Vorgaben des barrierefreien Bauens eine Reihe von besonderen Maßnahmen mit sich, die in der Regel einen Mehraufwand bedeuten, den es zu berücksichtigen gilt. Auch die gestalterischen Möglichkeiten reduzieren sich, denn beispielsweise Eingangsstufen und erhöhte Eingänge lassen sich nicht mit barrierefreien Zugängen vereinbaren.

Aus gutem Grund wurden deshalb eine Reihe von Vorschriften in die technischen Bestimmungen zu den Landesbauordnungen aufgenommen; sie sind für die Planung aller öffentlichen Gebäude verbindlich geworden: Gebäude von Behörden, mit Kundenverkehr, für Hotellerie und Gastronomie, Kindergärten, Schul- und Hochschulgebäude, Krankenhausbauten, Wohnungsbauten und selbstverständlich für Bauten des betreuten Wohnens.

Insbesondere die Gestaltung von Eingängen ist von diesen Vorgaben betroffen. Eingangsstufen und Treppenaufgänge müssen mit Rampen oder Aufzügen kombiniert werden, Türen mit automatischen Türöffnern und -schließern, Empfangstheken mit abgesenkten Partien versehen werden und das Gebäudeinformationssystem auch aus dem Rollstuhl oder für Sehbehinderte erfassbar sein. Festgehalten sind diese Vorgaben in den folgenden Normen:

DIN 18024-1 Straßen, Plätze, Wege, öffentliche Verkehrs- und Grünanlagen sowie Spielplätze
DIN 18024-2 Flächen
DIN 18025-1 Wohnungen für Rollstuhlbenutzer
DIN 18025-2 Barrierefreie Wohnungen
DIN 18040-1 (Entwurf) Barrierefreies Bauen – Teil 1: Öffentlich zugängliche Gebäude
DIN 18040-2 (Entwurf) Barrierefreies Bauen – Teil 2: Wohnungen
DIN 77800 Betreutes Wohnen

**Die Eingangsstufe wird zur Rampe. Lehrstuhl für Journalistik, Universität Eichstätt, 1987, Eichstätt
Architekt Karljosef Schattner**

Einfamilienhäuser

Freundliche Offenheit

Planung Bembé Dellinger
Ort Pullach
Fertigstellung 2003
Fotografien Oliver Heissner

Elegante Komposition von horizontalen, vertikalen und diagonalen Linien

Zwischen Garage und Gartenmauer führt der Weg zur Haustür – freundlich begleitet von den perspektivisch in den Innenraum gespiegelten Linien der Garage, die sich im Haus fortzusetzen scheinen, und der Flucht der Gartenmauer auf der anderen Seite. Der Eingang zu dem Einfamilienhaus vermittelt Offenheit durch die Glasflächen, die ohne Rahmen an die massiven Sichtbetonwände von Garage und Garten angefügt sind, und Geschlossenheit durch das Türelement, das ganzflächig aus hellem Eichenholz besteht. Die warmen Farbtöne dieses Holzes wiederholen sich in der ebenso praktischen wie einladenden Bank an der Gartenmauer. Das Innere ermöglicht vom Eingang her den Blick von der Garderobe an der Treppe vorbei zur Küche und damit durch das ganze Haus, das auf diese Weise großzügig und von Licht durchflutet wirkt. Die Glasflächen lassen das Tageslicht von allen Seiten in die Räume, Licht und Schatten wechseln sich rhythmisch ab. Die Haustür und der Innenausbau bilden gestalterisch eine Einheit, flächig, präzise und auf klare Linien reduziert. Die Beschränkung auf flächige Elemente aus Beton, Putz, Glas und Holz sowie die Ausführung mit subtilen Details wie z.B. der flächenbündig eingelassene Rücken der Bank und die Beleuchtung des Plattenbelages, unterstreichen die Gestaltung in einer konsequent modernen Sprache.

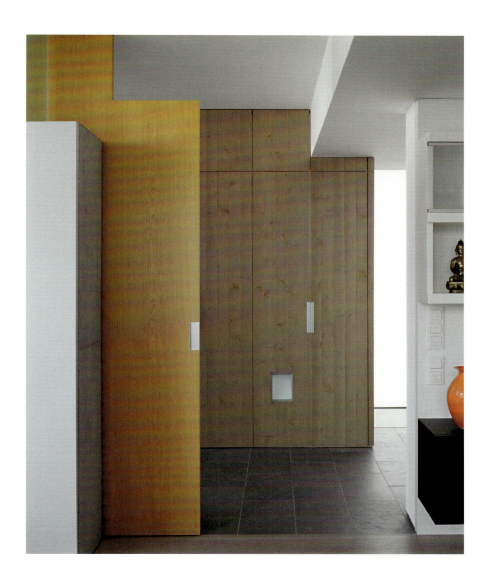

Durchblick: Eingang, Diele, Küche, Garten

Querverbindung: Blick vom Wohnraum in die Garderobe

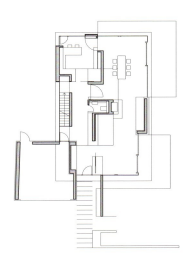

Im Goldenen Schnitt

Planung denzer & poensgen
Ort Perl
Fertigstellung 2008
Fotografien Rainer Mader

Der verschattete Einschnitt in der weiß verputzten Fassade mit dem horizontalen Fensterband verweist bereits von Ferne auf den Eingang, mit einladender Geste, unspektakulär, aber wohlproportioniert und praktisch: Ein eleganter Viertelkreisschwung führt die Straßenfassade um die Ecke, so dass eine überdachte Eingangssituation entsteht, die auch Carport für ein Fahrzeug ist. Das Haustürelement ist rechterhand in diesen Schwung eingelassen. Seine Proportionen, wie auch die des Hauses, entsprechen dem Goldenen Schnitt. Tür, Griff, Briefschlitz, Klingelanlage und eine kleine vitrinenartige Fensterfläche unterteilen zusammen mit den Fugen die Metallfläche des Elements. Die Aluminiumoberfläche der ausgeschäumten Sandwichkonstruktion wird von schwarzem Einbrennlack geschützt. Mit einfachen baulichen und architektonischen Mitteln wurde ein witterungsgeschützter Hauseingang gestaltet, in seiner Geste ebenso zurückhaltend wie unmissverständlich, in ihrer Schlichtheit eine überzeugend-selbstverständliche Lösung.

Von der Straße führt ein Viertelkreisbogen sanft zum Eingang.

Das Haustürelement, gestaltet nach dem Goldenen Schnitt

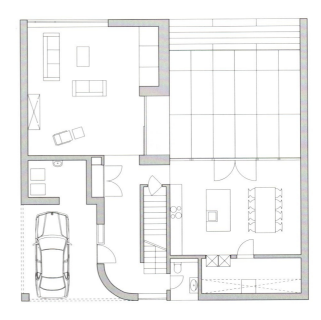

Traditionsbewusst

Planung maaars
Ort Ludesch
Fertigstellung 2007
Fotografien Bruno Klomfar

Holz dominiert auch den Eingangsbereich im Inneren. Rechts hinter der Jalousie liegt die Eingangsveranda.

Das im Grunde kleine Haus wirkt groß, denn beiden Giebelseiten ist eine Veranda vorgelagert. So entsteht eine überdachte Übergangszone zwischen Außen und Innen, deren Verkleidung aus geviertelten Rundhölzern für eine lebendige Oberflächenstruktur sorgt.

Das Tageslicht wirkt mild, wie durch eine überdimensionale Markise gefiltert, und sorgt dafür, dass man ohne geblendet zu werden, von drinnen nach draußen gelangt. Damit interpretiert das Haus das Baudetail der vorgelagerten Veranda neu, das es in der Alpenregion seit Jahrhunderten gibt. In dieser Neuinterpretation wird der gesamte Verandabereich im Osten zum Eingangsbereich. In diesem Filter liegt der Treppenaufgang von der Vorfahrt zum Eingang auf der Wohnebene im ersten Obergeschoss. Von der Eingangsveranda erreicht man das Hausinnere durch die vollverglaste Haustür, die auch den Windfang belichtet. Dieser verteilt die Wege zwischen der Treppe zur Rechten, die parallel zur äußeren Treppe die vertikale Erschließung gewährleistet, einer Garderobe sowie Gäste-WC zur Linken und dem Wohnraum geradeaus nach Westen.

Auch alle Innenräume bestehen rundum aus Holz; Boden, Wand und Decke sind aus heimischer Tanne. Jenseits des zentralen Kochbereichs, kontrastreich mit schwarz beschichteten Platten, und des offenen Ess- und Wohnbereichs liegt der westliche Filter mit Platz für die Loggia, die, ebenso geschützt wie der Eingang auf der gegenüberliegenden Seite, den Wohnbereich in den Außenraum erweitert. Das Haus wurde 2008 im Rahmen des Vorarlberger Holzbaupreises ausgezeichnet.

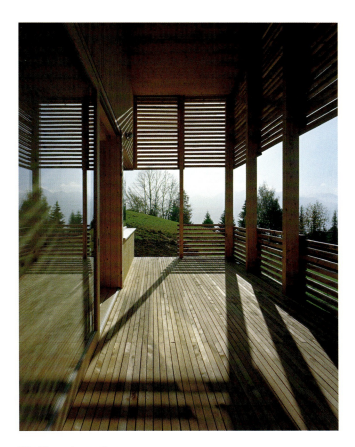

Die Veranda an der Westseite entspricht dem Eingang auf der anderen Giebelseite.

Der Baukörper mit den Veranden an den Giebelseiten

Frisches Grün zwischen öffentlich und privat

Planung Berschneider + Berschneider
Ort Neumarkt in der Oberpfalz
Fertigstellung 2007
Fotografien Erich Spahn

Markantes Grün: Das Eingangstor

Der großzügige Abstand von der Straße mit Grünstreifen und altem Baumbestand bestimmt den Eindruck der Eingangssituation. Das Haus präsentiert sich mit einer durchgehenden Straßenfront zwischen Garage und Büro, in der ein grünes Tor den Eingang markiert, das als textilbespannter Rahmen ausgeführt worden ist. Damit hebt es sich deutlich von der Grundfarbigkeit des Gesamtkomplexes ab, die mit Weiß und Dunkelgrau sehr zurückhaltend-vornehm wirkt. Großformatige Zementbodenplatten bestimmen den Rhythmus des Zugangs und bilden mit der Rasenfläche ein Figur-Grund-Motiv. Links im feststehenden Teil des Tores sind jene Elemente integriert, die heute an keinem Eingang fehlen dürfen: Briefkasten- und Klingelanlage, Videokontrolle und Paketklappe. Dahinter erreicht man über eine hofartige Eingangsterrasse rund um einen alten Apfelbaum rechter Hand die Haustür, geschützt unter einem Balkon. Das Haustürelement ist passend zu den Fenstern als Aluminiumkonstruktion geschlossen ausgeführt; seine anthrazitgraue Oberfläche bildet den gestalterischen Kontrast zur großflächig daran anschließenden Verglasung des Essplatzes.

Die geschlossene Straßenfront

Die Eingangsterrasse mit dem Hausbaum

Preisgekrönt

Planung Berschneider + Berschneider
Ort Neumarkt in der Oberpfalz
Fertigstellung 2001
Fotografien Erich Spahn

Der Auftrag war ein Glücksfall für die Architekten, denn die Bauherren übertrugen ihnen alle Planungsaufgaben vom Freiraum bis zur Einrichtung. Entstanden ist ein Bautyp, wie er in der Oberpfalz der Nachkriegszeit häufig gebaut worden ist: kompakter Baukörper, steiles Dach ohne Überstand, reduzierte Formen also, die sich auch in der Eingangssituation finden. Der Zugang erfolgt in drei Schritten; von der Straße hat man keinen Einblick in das Gebäude. Hinter dem Tor aus rot lackiertem Stahlblech betritt man neben der Garage einen Innenhof, der von einem flachen Verbindungsbau an das Haus auf der ganzen Breite geschlossen wird; dieser helle, vollflächig verglaste Flur verbindet Garage, Garten und zwei Kinderzimmer und bezieht den Innenhof in das Raumgefüge ein. Erst in einem dritten Schritt betritt man durch eine Tür den Wohnbereich mit Küche und Essplatz. Von hier geht es schließlich in die privaten Ebenen nach oben und unten. Der Eingangsbereich vom roten Tor über den Innenhof, in den Verbindungsanbau ist der zentrale Verteiler, der die verschiedenen, voneinander unabhängigen Bereiche miteinander verbindet. Die Reduktion auf wenige und möglichst heimische Materialien bestimmt das Bild: Eichenholz für Boden, Türen, Griffe und Möbel; Stahl für Roste und Einfassungen; heimisches Juragestein als Zitat in den Außenanlagen und Sichtbeton für Garage und Gartenwand.

Das Haus ist mehrmals ausgezeichnet worden; 2003 erhielt es den BDA-Regionalpreis Niederbayern/Oberpfalz, es war

Der asketisch anmutende Hof ermöglicht die lichtdurchflutete Eingangslösung.

Kalt-Warm-Kontrast: Das signalrote Eingangstor

»Haus des Jahres 2004« der Zeitschrift Schöner Wohnen und gewann den Häuser Award 2005 der Zeitschrift Häuser. Die durchgestaltete Eingangssituation hat sicher ihren Beitrag dazu geleistet.

Hohle Gasse

Planung Nieberg | Architect
Ort Harsum
Fertigstellung 2007
Fotografien Axel Nieberg

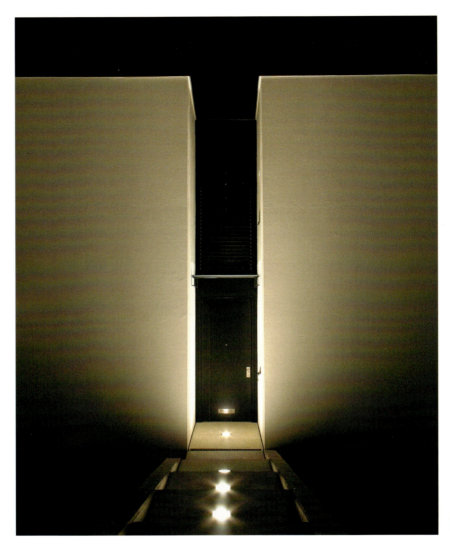

Der Weg zur Eingangsfuge

Von der Straße zeigt sich das Haus mit einer geschlossenen Putzfassade, asymmetrisch geteilt von einer Fuge mit dem Hauptzugang. Die zurückhaltende, introvertierte Geste dieses schmalen Eingangs verweist auf die Bedeutung von privater Zurückgezogenheit für die Bewohner. Ihnen steht zusätzlich ein Seitenzugang neben dem Carport, direkt an der Innentreppe, zur Verfügung. Die Wirkung der tief eingeschnittenen Fassadenfuge wird verstärkt durch die dunkle Farbgebung von Haustür und darüberliegenden Lamellen aus lackiertem Aluminium. Ein schlichtes Glasdach aus zweischichtigem Verbundsicherheitsglas zwischen den flankierenden Wänden schützt den Eingang vor Witterungseinflüssen, ohne die kubische Gesamtwirkung zu stören. Hinter der Eingangstür liegt die Garderobe, die auf kleiner Grundfläche viel Stauraum in einem raumhohen Einbauschrank bietet. Die einheitliche weiße Lackierung der Holzwerkstoffplatten wirkt hell und ruhig, während die flächenbündig eingelassenen Griffmulden im Zusammenspiel mit der Fugenteilung eine rhythmische Wirkung haben. Eine Schiebetür lässt diese Garderobe in der kühlen Jahreszeit zu einem Windfang werden. Im Außenbereich unterstützt bei Dunkelheit das sehr gezielt von unten eingesetzte künstliche Licht die ruhige und minimalistische Formensprache, so dass der Eingang zu jeder Zeit im richtigen Licht erscheint.

Blick von innen durch die geöffnete Schiebetür auf die Eingangstür

Die schmale Gasse mit dem eingehängten Schutzdach

Die Kubaturen verweisen auf Nebenräume (links) und Aufenthaltsräume (rechts).

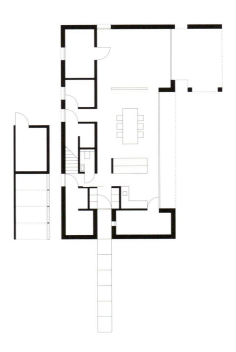

Parkhaus

Planung COAST
Ort Waiblingen
Fertigstellung 2006
Fotografien David Franck

Bereits der erste Blick findet mehr als den Eingang. Es gibt viele Häuser, in denen das Fahrzeug im Haus abgestellt wird, doch keines zelebriert das Parken so wie dieses. Es entbehrt keinesfalls der Logik, das Auto im Haus zu besteigen oder zu verlassen, insbesondere bei schlechtem Wetter; konsequenterweise gibt das Doppelflügeltor der Garage den deutlichsten Hinweis darauf, wo Einlass zu finden ist. Der Eingang in das Haus liegt neben dem Doppeltor im mittigen, geschlossenen Teil der Fassade; seine gestalterische Behandlung rückt ihn in den Hintergrund. Die Haustür aus Holz selbst ist schlicht flächenbündig in die Holzschalung eingelassen und durch keine offensichtlichen Eingangsattribute gekennzeichnet: Kein gerichteter Weg, kein Fingerzeig, nur das Rechteck der Türform gibt den Hinweis; tritt man näher, erkennt man dann einen Klingelknopf und einen Lichtschalter. Diese Verschlossenheit korrespondiert mit den Räumen im Inneren, denn hinter dem Eingang befinden sich Garderobe, Treppenhaus und Einbauschränke. Bei Dunkelheit rahmen zwei Strahler im Boden den Eingang rechts und links mit Lichtkegeln.

Durchblick: vom Wohnraum durch den Eingangsbereich in die Garage

Zwischen Parken und Wohnen: der Eingang wird nebensächlich.

Ankunft bei Nacht: direkt ins Haus

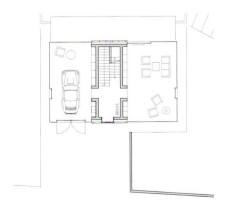

Eine moderne Burg

Planung Birgit Keppler
Ort Reutlingen
Fertigstellung 2008
Fotografien Bernhard Müller

Das Haus profitiert von seiner Lage zwischen zwei Straßen oberhalb und unterhalb des Grundstücks. Der Zugang für Besucher von der Bergseite her nutzt, durchaus auch zur Demonstration, die traumhafte Lage über Reutlingen, mit Ausblick auf die Stadt und hinaus aufs Land. Der Zugang für die Bewohner führt, wesentlich weniger spektakulär, von der talseitigen Straße durch die Garagen ins Haus. Wie bei einer Burganlage führt eine kleine Brücke von einem Tor aus feuerverzinktem Stahlblech zum Eingang in einem Turm, dem einzigen Bauwerk auf der Dachterrasse. Das Sichtmauerwerk aus wiederverwendeten Ziegeln in Verbindung mit den Holzdielen des Bodenbelags und den verzinkten Stahlgeländern ergibt einen archaisch schönen Materialdreiklang, der sich sehr gut in die Kulturlandschaft am Fuße der schwäbischen Alb mit ihren Stützmauern – traditionell aus Bruchstein – einfügt.

Der Eingangsturm mit Treppe und Aufzug erschließt das Haus, anders als gewohnt, von oben. An den Turmmauern entlang führt die Treppe spiralig drei Etagen nach unten, bildet eine Art Rückgrat, von dem aus zwei Wohngeschosse abgehen sowie das Garagengeschoss, das von der talseitigen Straße erschlossen wird. Die atemberaubende Tiefenwirkung wird unterstützt von den sägezahnartigen Treppenstufen aus geräucherter Eiche und deren klarem Kontrast zu den weiß geputzten Wänden und Brüstungen. Über ein Oberlicht fällt das Tageslicht ein und beleuchtet den Weg bis zum Grund des Treppenhauses.

Überblick: Über die Brücke und das Dach hinaus in das Land vor der Schwäbischen Alb

Eingang von oben: Tor, Brücke, Turm – eine moderne Burg

Eine Augenweide: Die gewendelte Treppe über drei Geschosse

Black Box

Planung markus wespi jérôme de meuron
Ort Caviano
Fertigstellung 2008
Fotografien Architekten

Das Ferienhaus am Hang ist sehr reduziert in Form und Ausdruck. Deshalb wird jede gestalterische Geste vorsichtig formuliert, so der kurze Steg von der Hangkante in das Haus. Dazu passt der Eingang ohne Allüren, eine einfache Tür, akzentuiert durch einen schmalen Spalt als Dachablauf links in der ansonsten geschlossenen, schmalen Südostfassade. Die Zugangstür, senkrecht verschalt mit dem gleichen Tannenholz wie die Fassade und ebenso grau eingelassen, öffnet sich in einen schmalen Flur, von der Seite durch zwei kleine, ungewöhnlich positionierte Fenster belichtet – eines auf Fußbodenhöhe, das zweite ganz oben unter dem Dach. Beim Eintreten wird der Blick durch ein weiteres kleines Fenster in der gegenüberliegenden Wand hinaus in die Ferne gelenkt. Die Ausstattung trägt zur insgesamt großzügigen Raumwirkung im Inneren des kleinen Hauses bei; so liegen die Einbauschränke der Garderobe in einer Flucht mit der Einbauzeile der Küche. Wenige Schritte weiter öffnet sich der winkelförmige Grundriss und jenseits des Essplatzes wird der Wohnraum sichtbar, abgetrennt von zwei Glasscheiben, die der Treppe nach unten zum Schlafgeschoss als Absturzsicherung dienen. Die Reduktion auf wenige Reize bestimmte auch die Farbgebung. Das Dunkelgrau der Fassadenholzverschalung findet sich, etwas heller, im Innenraum als Lasur auf den Grobspanplatten der Holzbaufertigelemente, der Schrankfronten und auf dem Fußboden. So verweist die konsequente Reduktion auf wenige, klare Eindrücke vom Eingang zum Wesentlichen des Hauses, dem Innenraum.

Minimal: Der Eingang führt geradewegs in die Küche.

Die Haustür mit Garderobe von innen

Bauen am Hang: Rechts der Zugang über den Steg zur Haustür

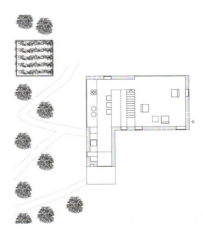

Schwarzes Haus

Planung peter haimerl . architektur
Ort Krailling
Fertigstellung 2006
Fotografien Florian Holzherr

Wohnhaus und Scheune eines typischen Siedlungshauses aus den dreißiger Jahren des 20. Jahrhunderts haben die Architekten zu einem Baukörper zusammengefasst. Dies bezieht auch den Außenraum ein: Die Bitumenschindeln über der Wärmedämmung an der Fassade gehen scheinbar nahtlos in den Asphaltbelag der Parkplätze vor dem Haus über.

Die Öffnungen sind als kubische Durchdringungen in Edelstahl ausgebildet und wirken bei Nacht wie »Leuchtkästen«, die Schwingflügel der Dachflächenfenster sind flächenbündig integriert. Sie sind auf der Hausoberfläche scheinbar frei verteilt. Wie Bilderrahmen hängen die Fenster an Wand und Dach. Die größte Öffnung ist unverkennbar der Eingang; sein Rahmen dient als Vordach und Eingangsstufe zugleich, ist so integraler Bestandteil des architektonischen Konzeptes. Im Gegensatz zu den Fenstern ist das Glasfeld im Eingang asymmetrisch zweigeteilt. Das breitere linke Feld ist die Tür, rechts daneben eine senkrechte Scheibe.

Die Farbigkeit des Außenraums setzt sich in der des Bodenbelags über den Eingang in den Innenraum fort. Wände, Decken, Einbauten und Mobiliar in Weiß bilden den Kontrast dazu und lassen so den Innenraum großzügig und größer erscheinen, als er tatsächlich ist.

Dach und Wand sind gleichermaßen Fassade.

Schwarz und Weiß bestimmen den Innenraum.

Im Detail:
Im Dunkeln werden die »Leuchtkästen« deutlich.

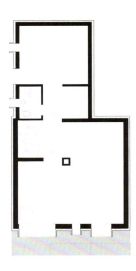

Aus Alt mach Neu

Planung bottega+ehrhardt architekten
Ort Stuttgart
Fertigstellung 2004
Fotografien David Franck

Visuelle Führung bei Nacht: Am Ende des Lichtstreifens ist das Ziel erreicht.

Nach dem Umbau ist das Haus außen wie innen nicht wiederzuerkennen. Aus einem beschaulichen Satteldachgeschoss wurde ein zweites Vollgeschoss; alle Materialien der sichtbaren Oberflächen sind neu: Sichtbeton für Garage, Stützmauer und den Bodenbelag, mit hellgrauen Fassadenplatten verkleidete und dunkelgrau verputzte Außenwände sowie Fenster und Türen aus Aluminium und eine neue Treppe aus Stahl, jeweils an den Farbton der Umgebung angepasst.

Die lange, nur kniehohe Stützmauer markiert den Weg von der Garage zur Haustür; sie erfüllt diese Funktion durch die integrierte Beleuchtung auch nachts und bildet eine Leitlinie mit perspektivischer Wirkung auf das Ziel hin. Das vorspringende Obergeschoss schützt den Eingang von oben, ein Vordach ist unnötig. Neben der Haustür führt eine neu angehängte Aussentreppe in das obere Geschoss, ihre diagonale Unterkante verweist deutlich auf den Eingang. Die klare Formensprache, aufbauend auf Rechteck, Dreieck und Linie, setzt sich im Inneren fort, klare Linien bestimmen die Wege, und ein großes Fenster öffnet den ersten Blick über den Talkessel. Durch eine flächenbündig eingelassene Tür gelangt man in die Speisekammer, von dort direkt in die Küche, eine sehr praktische Zugangslösung, wenn Einkäufe verstaut werden müssen. Die unterschiedlichen Oberflächen von Garderobe, Flur und Gäste-WC, Putz und spiegelnder Hochglanzlack, sind in Weißtönen gehalten. So wirkt auch die lange Flurwand zum Schlafbereich mit Bad und Schrankraum hell und freundlich.

Klare Linien auch im Inneren: die Spiegelungen im Lack lassen den Flur weiter wirken als er tatsächlich ist.

Architekturformen weisen den Weg: klare Linien markieren den Weg und das Ziel.

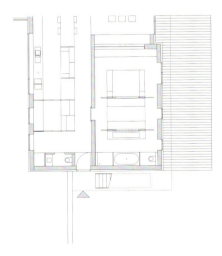

Im Ensemble

Planung att architekten Markus Gentner
Ort Gräfenberg
Fertigstellung 2006
Fotografien Stefan Meyer

Innenansicht des Wohnhauses mit Blick in Richtung Eingangshof

Der Kirschbaum als Mittelpunkt verweist darauf, dass das Gebäude in einem Ort des größten zusammenhängenden Süßkirschenanbaugebiets in Europa steht. Die ortstypische Bauform des Dreiseithofs ist hier neu interpretiert, was zu einer großzügigen Eingangssituation geführt hat. Sie liegt an dem kleinen Hof zwischen der Garage und den beiden Wohnhäusern und fungiert als Gelenk und Übergang zwischen den zwei Gebäuden, aber auch als eine Art Schleuse zwischen Hof und Innenraum.

Der kleine Kubus in Sichtbeton wird durch vertikale raumhohe Schlitze akzentuiert. Die Haustür in Rahmenbauweise mit Glasfüllungen befindet sich an der Schmalseite im Osten tief eingeschnitten und vor Wind und Wetter geschützt. Eine Einbaugarderobe schirmt den Zugang zu den Schlafräumen ab, nur ein schmaler Stichflur führt in diesen privaten Bereich. Dem Eingang gegenüber öffnet sich das Haus auf die große Terrasse im südwestlich ausgerichteten Winkel zwischen Schlaf- und Wohnhaus. Auf der rechten Seite am Ende des Windfangs betritt man zuerst die offene Küche, die frei als Block in den Raum gestellt ist und mit Essplatz und Kamin unter der Galerie sowie Wohnraum ein räumliches Kontinuum bildet, das sich nach oben in einen weiteren Wohnbereich erweitert, denn die Galerie ist gleichsam frei schwebend in den Baukörper eingehängt. Das Erlebnis der Innenräume ist wichtig, der Eingang selbst zurückgenommen: vornehme Zurückhaltung.

Der schmale Eingang verbindet Schlafhaus (links) und Wohnhaus (rechts).

Die Einfahrt mit dem Blick auf den Eingangshof

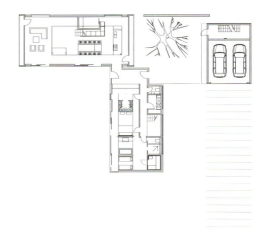

Mehrfamilienhäuser

Stairway to Heaven

**Planung Atelier Lüps
Ort Utting am Ammersee
Fertigstellung 2003
Fotografien Thomas Huber**

Anders als üblicherweise in Deutschland bilden die beiden Doppelhaushälften in Utting zusammen ein Ganzes, jede für sich aber nichts Halbes! An der Fassade präsentieren sich die Häuser exakt spiegelbildlich, unterschieden nur in der Farbigkeit. Und diese Farbigkeit des Außenputzes setzt sich im Inneren partiell fort, so dass man stets weiß, ob man sich im roten oder blauen Hausteil befindet. Eine verglaste Fuge verbindet beide Teile, vereint Eingänge, Treppenaufgänge und Wintergärten und ermöglicht eine Flut von Licht dort, wo in Doppelhäusern normalerweise dunkle Zonen vorherrschen: an der gemeinsamen Mittelwand.

Die Haustüren sind als vollflächige Holztürblätter in die Verglasung eingefügt und so als Eingang bestens zu erkennen.

Das Erschließungskonzept wird beim Eintreten sofort deutlich: die Treppenläufe schwingen sich hinauf in den Himmel, das Glasdach macht den Eingang unten licht und freundlich. Sichtbeton, Stahl und helles Holz gesellen sich zum Glas. Vor allem diese Lösung für die Zugänge führt konzeptionell und gestalterisch auf neue Wege.

Detail im Eingang: Sichtbeton im Kontrast zu Holz und Stahl

Spiegelbildlich, zusammen eins und doch zwei Häuser

Zwei Eingangstüren in der transparenten Eingangsfuge: wohl doch ein Doppelhaus

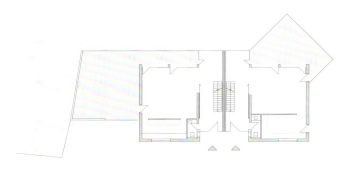

Zwei unter einem Dach

Planung att architekten Markus Gentner
Ort Nürnberg
Fertigstellung 2006
Fotografien Stefan Meyer

Erst bei genauem Hinsehen wird deutlich, dass es sich bei dem Gebäude um zwei Häuser unter einem Dach handelt: Zwei Türen befinden sich in dem tiefen Ausschnitt für den Eingang in der Fassade zur Straße, spiegelbildlich eng beieinander an der Trennwand. Unterstrichen wird die Zusammengehörigkeit durch das schmale Fensterband im Obergeschoss, das als eine die Trennlinie überspielende Fläche in Erscheinung tritt. Die sparsame Geste wird dadurch unterstrichen, dass der Zugang zu den beiden Haustüren, aber auch die Klingelschalter, Vordächer, Eingangsstufen und die Briefkästen jeweils zu Einheiten zusammengefasst sind; so ist alles doppelt vorhanden, gestalterisch aber jeweils zu einer formalen Einheit zusammengefasst. Der dunkle Anstrich der Haustüren aus Holz kaschiert die verglasten Ausschnitte in diesen optisch, so dass allein die einheitlich schattige Farbigkeit den Eindruck vermittelt, hier in der Mitte ginge es in die räumliche Tiefe des Hauses hinein.

Im Inneren ist der Eingang Teil des Wohngeschosses. Auf einen Windfang hat man verzichtet, da außen der tiefe Einschnitt für Witterungsschutz sorgt. So öffnet sich der Blick durch den gesamten Wohnraum bis in den Garten.

Der Block aus Treppe und Kamin trennt Eingang und Küche vom Wohnbereich.

Zwei als eine Einheit: Das Doppelhaus ist mehr als seine Hälften.

Haustür, Sauberlaufen, WC, Flur, Küche, Treppe – alles auf allerkleinstem Raum und dennoch großzügig, da auf Trennwände verzichtet wurde

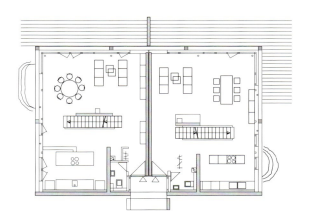

Rustico »Rocco«

Planung Giovan Luigi Dazio
Ort Fusio
Fertigstellung 2007
Fotografien Giovan Luigi Dazio

Außentreppen erschließen die verschiedenen Wohnungen.

Das Büro von Giovan Luigi Dazio hat sich auf die Revitalisierung des traditionellen Bautyps Rustico im südschweizerischen Kanton Tessin spezialisiert. Im Beispiel aus Fusio ist die vorhandene Bausubstanz von 1859 behutsam für die neue Nutzung als Ferienhaus saniert worden.

Die Aufteilung in verschiedene Wohnungen bringt es mit sich, dass das Haus mehrere Eingänge hat; sie lassen sich nicht für jede Ebene barrierefrei gestalten. Da ein Rustico fast immer am Steilhang steht, ist diese Forderung nicht umzusetzen, doch die unterste und oberste Wohnung kann man vom Weg aus direkt betreten. Die erhaltenen Steintreppen und das traditionelle Sichtmauerwerk aus lokalem Granit sind denkmalpflegerisch in Stand gesetzt und wurden um Treppen und Geländer aus Stahl sowie Fenster aus Aluminium ergänzt. Die neu geschaffene Eingangssituation hat einen deutlichen Anteil daran, die historische Substanz ohne Romantisierung mit der zeitgenössischen Nutzung zu verbinden. Außen endet die Treppe auf einem Podest in dem Raum zwischen zwei Gebäuden unter einem Dach. Hier befindet sich die Haustür zum Rustico. Wie im Außenbereich mischen sich auch im Innenraum alte und neue Materialien. Wo es vertretbar war, wurden alte Böden, Wände, Türen und Fenster erhalten und renoviert und mit zeitgenössischen Möbeln und Materialien ergänzt.

Im Eingang und fast schon mitten in der Küche

Moderne Materialien im Kontrast zum alten Mauerwerk

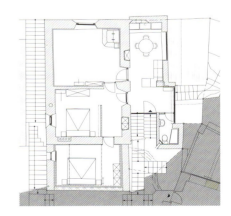

Six Pack

Planung Bembé Dellinger
Ort St. Alban am Ammersee
Fertigstellung 2005
Fotografien Stefan Müller-Naumann

Eine Struktur aus Sichtbeton verbindet Carports, Gartenhäuser, Sichtschutz und Eingänge aller drei Doppelhäuser.

Drei Doppelhäuser, die von einer privaten Stichstraße erschlossen werden, bilden eine kleine Wohnanlage. Diese private Zufahrt ist das Rückgrat der Erschließung und wird von einem flachen Vordach begleitet, das die Stellplätze, Gartengerätehäuser, Vordächer und die Eingänge in die vorderen Haushälften miteinander verbindet. Scheiben aus Profilitglas verwehren den Einblick in die privaten Gärten und Ausschnitte in der Überdachung lassen Sonnenstrahlen auf den Zugangsweg fallen. So entsteht eine klare Abfolge von öffentlichem, halböffentlichem und privatem Raum. Die Hauseingänge schließlich liegen zwei bis drei Stufen oberhalb des Fahrwegs in Richtung der privaten Zufahrt bereits auf der privaten Ebene, wodurch der Eingang gestalterisch herausgehoben wird.

Die sensible Materialkombination von Sichtbeton und Stahl für tragende Bauteile, Glas und Massivholz für senkrechte Verkleidungen sowie Kies für den Bodenbelag gestaltet den Außenraum der Gebäudegruppe einheitlich.

Das Hausinnere betritt man über eine langgestreckte Garderobe, die über die gesamte Hausbreite verläuft und mit dem Gäste-WC endet. Rechter Hand bietet ein Einbauschrank reichlich Stauraum, links bildet die Treppe in das Obergeschoss den Filter zu Küche, Ess- und Wohnraum.

Die Hauseingänge liegen etwas erhöht.

Bauen im Bestand

Planung Atelier Lüps
Ort Landsberg am Lech
Fertigstellung 2007
Fotografien Thomas Huber

Im Inneren wird es modern, licht und farbenprächtig

Vier Stadt- und drei Penthäuser verbergen sich im Umbau eines historischen Ensembles in Landsberg. Sie werden über einen gemeinsamen Eingang erschlossen, der früher zu einer Schreinerei an dieser Stelle gehörte; auch die asymmetrisch in die Maueröffnung eingestellte gusseiserne Säule gehörte schon zum Vorgängerbau. Die schlichte Haustür mit einfachem, dunkel gestrichenem Türblatt befindet sich am Ende des Durchgangs, so dass davor ein geschützter Windfang mit der Briefkastenanlage entsteht. Nach dem Betreten des Hauses befindet man sich in einem mit Glas gedeckten Innenhof mit dem Erschließungsgang für die vier Stadthäuser linker Hand und mit der Treppenflucht über zwei Geschosse nach oben in die Penthäuser rechts, an der Brandwand zur Nachbarbebauung. Die Stadthäuser betritt man ungewöhnlicherweise auf der Galerieebene, von der aus die Wohnräume eine Treppe tiefer, die Schlafräume eine Treppe höher liegen.

Der Putz der historischen Mauern lässt die alten Mauersteine noch erkennen, die in ihrer unregelmäßigen Struktur einen besonderen Reiz bieten; der neuen Brandwand aus Sichtbeton stehen die ebenfalls neuen Wände der Stadthäuser mit intensiv pinkfarbenem Putz gegenüber, auch der Polyurethanboden hat diese Farbe.

Das zur Wohnanlage gehörende Bäckertor, in dessen oberen Geschossen sich Wohnräume einer Penthauswohnung befinden, ist Teil des zweiten Mauerrings der Stadt Landsberg von 1420/25, auf dessen Fundamenten nun auch das neue

Das Bäckertor links hat den Namen gegeben – auch im Turm wird gewohnt!

Eingang in die kleine Wohnanlage am Bäckertor

Drei der vier Stadthäuser mit ihren Wohnterrassen direkt über dem Mühlbach

Gebäude steht. Das Projekt »Wohnen am Bäckertor« ist mit dem Deutschen Bauherrenpreis 2007 und dem Bayerischen Wohnungsbaupreis 2007 ausgezeichnet worden.

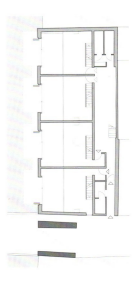

Erinnerung an Feuertreppen

Planung Architekturbüro Baehr-Rödel
Ort Starnberg
Fertigstellung 2007
Fotografien Wolfgang Pulfer

Der Zugang zu den drei Wohneinheiten liegt in einem Hof an der Nordseite des Gebäudes, zwischen den Garagen und dem Technikraum für die Luft-Wasser-Wärmepumpe. Das Haus ist vom Keller- bis zum ersten Obergeschoss in zwei Doppelhaushälften geteilt; darüber nutzt eine Loftwohnung die gesamte Fläche des Dachgeschosses, in das man über eine laubengangartig angelegte Stahlaußentreppe gelangt. Dieser Aufgang zur Dachwohnung ist das Element, das die Gestaltung der gesamten Straßenfassade bestimmt. Der erste Treppenlauf ist an die Garagen links des Eingangshofs angelehnt und verweist nach oben; der zweite Lauf verbirgt sich in der Stahlrahmenkonstruktion hinter der Schalung aus Lärchenbrettern, die von verglasten Partien umgeben ist, gegen den Himmel aus Mattglas.

Den Eingängen in die Haushälften bietet diese Konstruktion Schutz vor Wind und Wetter. Die Haustürelemente im Erdgeschoss bestehen aus einem einfachen geschlossenen Türblatt und einem transluzenten Glaselement zur Belichtung der Garderobe. In der Dachgeschosswohnung wurde darauf verzichtet, da eine seitliche Belichtung des inneren Eingangsbereichs möglich war. Insbesondere nach Einbruch der Dunkelheit, zeigt dieser Zugang mit Filterwirkung seine Leichtigkeit und transparente Wirkung.

Der Aufgang im Eingangshof weist die Richtung.

Nachts wirkt die Konstruktion wesentlich transluzenter als bei Tag, sie zeigt, wo es lang geht.

Neu eingekleidet

Planung Anne Batisweiler
Ort München
Fertigstellung 2004
Fotografien Wolfgang Pulfer

Bis 2003 teilte die Durchfahrt an der Schwanthalerstraße in München das Schicksal mit so vielen in die Jahre gekommenen Einfahrten: Verschmutzung, Beschädigung und mangelnde Pflege hatten sie zu einem Un-Ort werden lassen, den jeder nur rasch durchqueren und schnell hinter sich lassen wollte. Da in der Durchfahrt auch der Zugang für die Mieter liegt, mussten bei der Umgestaltung Briefkästen, Klingelanlage, Wegführung, Aschenbecher und vieles mehr untergebracht werden. Und so haben sich Innenarchitekten diesem Raum wie einem Innenraum genähert: Flächenbündig in die Decke integrierte Beleuchtung sorgt für viel Licht, ihre Gestaltung erinnert an Oberlichter, die Keilform ist im Wortsinn richtungweisend, hin zur Bankfiliale im Erdgeschoss, unterstützt von Einbauleuchten im Natursteinboden. Da man die Natursteinverkleidung im Erdgeschoss nicht ersetzen wollte, wurden neue Elemente aus patiniertem Kupfer partiell vor die verkleideten Wände montiert und auch frei in den Raum gestellt. Ihre grüne Oberfläche wirkt hell, freundlich und entspannt. Die diagonale Fugenteilung im vorderen Bereich korrespondiert mit der Linienführung der Lichtelemente an der Decke. Die Haustür mit Glasfüllung, Briefkästen und Klingelanlage ist wie die Begrenzungspfosten und Sockelbleche in Edelstahl ausgeführt, im Außenraum eine bewährte und dauerhafte Lösung.

Diagonale Linien beleben das Bild der Durchfahrt.

Flächenbündig integrierte Beleuchtung

In der Bildmitte das »Möbel« mit Briefkästen, Aschenbecher, und Beschilderung

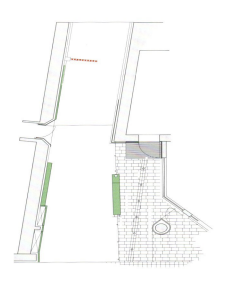

Autofrei

Planung RATAPLAN ZT
Ort Wien
Fertigstellung 2005
Fotografien Katrin Ecker

Zur Nachverdichtung eines Grundstücks wählte man die offene Bebauung entlang einem Erschließungsweg. Die Tiefgarage darunter macht es möglich, einen autofreien Flanier- und Spielweg anzulegen, der als Rückgrat die besondere Qualität des kleinen Quartiers mit seinen Doppelhäusern und Wohnungen ausmacht. Von diesem werden alle Wohneinheiten fußläufig erschlossen.

Die dreigeschossigen Wohnhäuser werden aus der Tiefgarage mit außen liegenden Aufzügen und offenen Treppenhäusern erschlossen. Die Materialien stammen aus dem Industriebau: Sichtbeton für die Aufzugschächte, Treppenläufe und Podeste, verzinkter Stahl für Geländer und die Verkleidungen sowie Edelstahl für die Schornsteine. Sie strukturieren die Fassaden in der Vertikalen, offene Treppenanlagen verbinden die Tiefgarage mit der Gasse. Die Hauseingänge mit ihren Vordächern korrespondieren mit diesen Materialien und ihrer Farbigkeit: die Haustüren sind wie die Fenster als Aluminiumrahmen mit Glasfüllungen konstruiert und in Grautönen gehalten.

Begrünter Fußweg mit südländisch anmutender Gassen- und Gartenatmosphäre; die Autos müssen im Keller bleiben.

Aufzüge an den Gebäuden und offene Treppenaufgänge sorgen für die Verbindung zur Tiefgarage.

Neu erschlossen

**Planung Städtische Wohnungsgesellschaft Bremerhaven mbH
Hans-Joachim Ewert
Ort Bremerhaven
Fertigstellung 2007
Fotografien StäWog**

Viel Licht: Der Laubengang mit dem Aufzugsturm

Die schlichten Wohnungsbauten aus den Nachkriegsjahren, die vielen Familien schnell und günstig ein Dach über dem Kopf bieten mussten, entsprechen heutigen Standards in keiner Weise. Abreißen oder weiterbauen, das ist hier die Frage. In Bremerhaven entschied sich die Städtische Wohnungsgesellschaft für eine grundlegende Sanierung eines Mehrfamilienhauses. Herzstück dieser Revitalisierung ist die neue Erschließung der Wohnungen über einen Laubengang in einer Glashalle, die man neben das bestehende Gebäude stellte. Der Anbau verbindet die beiden Treppenhäuser des Bestands mit dem neuen Aufzugsturm und gewährleistet barrierefreien Wohnungszugang auf allen Ebenen. Diese viergeschossige Halle mit ihren großflächigen Fensterbändern, dem begrünten Luftraum und den Stegen vermittelt im gesamten Zugangsbereich ein neues helles und freundliches Raumerlebnis. Die Großzügigkeit anstelle der Enge der alten Treppenhäuser ist für alle Hausbewohner täglich erlebbar. Diese Erweiterung gibt dem Gebäude insgesamt ein großzügigeres, offeneres und moderneres Gesicht. Die Beton- und Putzoberflächen sind einheitlich in freundlich hellem Weiß gestrichen, weiße und graue Fliesen am Boden schachbrettartig verlegt worden; schlichte verzinkte Stahlgeländer bieten Transparenz und Sicherheit zugleich.

Viele ältere Mieter konnten in ihrer vertrauten und nun barrierefreien Umgebung bleiben, neue, vergrößerte Wohnungsgrundrisse haben auch junge Mieter angesprochen und eine

Das Gebäude an der Schillerstraße vor der Sanierung

Übersicht der neuen Erschließung

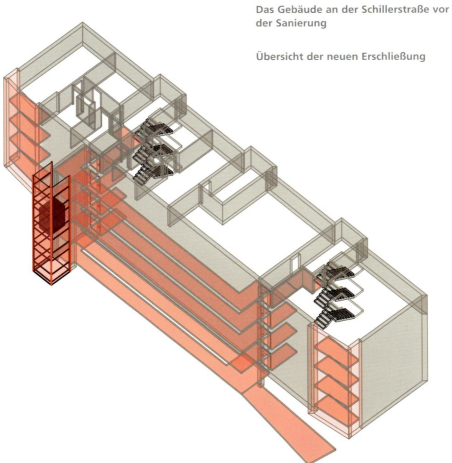

gemischte Bewohnerstruktur zur Folge; das alles führt so auch zu einer sozialen Revitalisierung.
Das Projekt wurde mit dem Bauherrenpreis 2008 ausgezeichnet.

Aufzugsturm und Verglasung der neuen
Eingangshalle

Die Glashalle ist das Zentrum des neuen
Erschließungskonzeptes.

Stadtbaustein

Planung RATAPLAN ZT
Ort Wien
Fertigstellung 1999
Fotografien Markus Tomaselli

Das Fensterband im ersten Obergeschoss macht aus sechs Einheiten eine, die Windfänge im Erdgeschoss und Balkone im Dachgeschoss rhythmisieren die Fassade.

Mehrfamilienhaus oder sechs Reihenhäuser? Tatsächlich sind es Reihenhäuser, die sich im Ensemble als Einheit in einem Mischgebiet präsentieren: Wohnen zwischen Gewerbe und Verkehr bedeutet immer eine Herausforderung für Architekten und Bewohner, ganz besonders im Hinblick auf die Zugangssituation.

Das Ensemble in Wien steht sehr urban direkt an der Straße, seine Eingänge sind unterschiedlich ausgebildet: In den fünf Fällen rechts ist dies elegant gelöst, indem die Aluminiumhaustüren sich nicht frontal, sondern parallel zur Straße in ganzflächig verglaste Windfänge öffnen. Diese Windfänge signalisieren Offenheit und Leichtigkeit und tragen zum Rhythmus der Fassade bei, da ihre Form im zweiten Obergeschoss von den Veranden wieder aufgenommen wird. Vom Windfang führen Eingangstüren aus Holz mit Glasausschnitten in das jeweilige Haus. Im roten Abschnitt des Gebäudes nehmen gemeinsam genutzte Räume Erd- und Untergeschoss ein: Zur Straße der Müllsammelraum, daneben der Kellerabgang; hinzu kommt der Aufgang in eine Maisonettewohnung in den Obergeschossen. Die Materialien Stahl, Glas, Aluminium, Titanzinkblech und flächige Fassadenpaneele prägen das Gebäude, beziehen sich auf die Materialität der Gewerbebauten der unmittelbaren Nachbarschaft und gestalten das urbane Stadtbild durch die Signalfarben der Fassade, Rot und Gelb, die dem Gebäude neben dem dunkelgrauen Grundton unverwechselbare Akzente verleihen.

Signalfarben gegen das Grau an der
Straße: da weht ein frischer Wind.

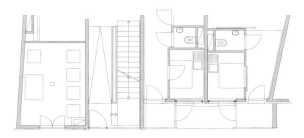

Wohnen statt arbeiten

Planung Atelier Lüps, Wolf-Eckart Lüps mit Peter Megele, Claudia Peter, Anita Streit
Ort Landsberg am Lech
Fertigstellung 2003
Fotografien Hans Engels (1), Thomas Huber (2, 3)

Barrierefreie Dynamik: Rampe, Vordach, Windfang, Kellerabgang

Die Suytermühle liegt am Landsberger Mühlbach, der, aus dem Lech abgeleitet, seit Jahrhunderten an der historischen Stadtmauer um den Altstadtkern führt und früher vielen Handwerksbetrieben Wasserkraft und Rohstoff zugeführt hat. Der den idyllischen Ort bestimmende Zweckbau des Mühlengebäudes hat heute neue Nutzer in sechs Loftwohnungen im Bestand und zwei Wohnungen im neu errichteten südlichen Anbau. Die Lofts werden barrierefrei über eine Rampe erschlossen, die unter einem Vordach aus Beton mit einer Schutzscheibe aus satiniertem Verbundsicherheitsglas zur Hauptwindrichtung Westen endet. Diese Scheibe ist im Steigungswinkel der Rampe geneigt und markiert so optisch das dahinterliegende Haustürelement, das aus einem dunkel gestrichenen Türblatt und einem Edelstahl-Glas-Paneel besteht, in dem sechs Briefkästen und Klingeln integriert sind. Im Inneren gewährleistet ein Aufzug, der mit dem neuen Treppenhaus eingebaut wurde, Barrierefreiheit. Glas, Sichtbeton und Stahl setzten die neu eingefügten Bauteile von den dick gemauerten Außenwänden und der Geschosskonstruktion aus Holzstützen und Holzbalkendecken deutlich ab. Die schlichte Eingangsfassade wird von signalrot lackierten Fensterläden, die in Ruhestellung rechtwinklig zur Fassade stehen, dreidimensional strukturiert und belebt. Der Eingang betont mit unkonventioneller Ästhetik und moderner Materialität den neuen Geist, der in die Suytermühle eingezogen ist.

Die Eingangselemente an der Rampe durchbrechen die stringente Ordnung der Fensteröffnungen.

Eingangsbereich innen: Rechts die Rampe von der Haustür zum Aufzug

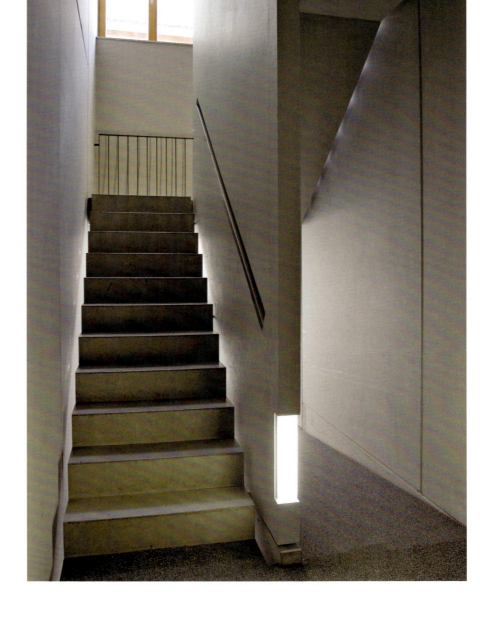

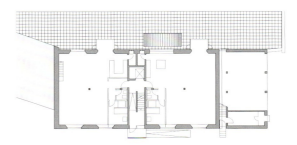

Bauten für Büro, Praxis, Gewerbe

Die Welle

Planung GRAFT
Ort Berlin
Fertigstellung 2008
Fotografien andi albert photographie

Von außen ein gewöhnliches Berliner Mehrparteienhaus mit einem Eingang wie in viele kleine Läden mit Eingangstür und seitlichen Schaufenstern – doch schon der Blick in die Schaufenster weckt Neugier, denn er fällt nicht auf Auslagen, sondern trifft auf eine Traumwelt. Kinder und Eltern tauchen gleich im Eingangsbereich in die Phantasiewelt der Kinderzahnarztpraxis ein. Eine überdimensionale Welle mit einem Anstrich in verschiedenen Blautönen spült sozusagen den Eintretenden in Unterwassergefilde, die eher einem Abenteuerspielplatz als Behandlungsräumen gleichen. Der Eingang zur Praxis liegt auf einer Galerie, die Orientierung bietet und von der es im Split-Level wieder nach unten zum Empfang und in den Wartebereich geht. Hier werden die kleinen Patienten abgeholt und nach oben in die Behandlungsräume geführt, die in gleicher Weise phantasievoll gestaltet sind: Fließende Formen für Decken, Einbauten und Mobiliar, über die sich der Bodenbelag wiederum in einem hellen Blau wellenförmig zieht, werden zu einer phantastischen Umgebung. Lichtpunkte sind wie Luftblasen oder Bullaugen gesetzt und verstärken den Eindruck einer maritimen Unterwasserwelt. Die grafische Wandgestaltung zeigt Fische und andere Unterwassermotive. Der Zahnarzt möchte verängstigte Kinder mit einer Geschichte ablenken – das gelingt, die meisten kommen gerne wieder.

Blick in die Traumwelt hinter dem Eingang: Die Welle schwappt gleichsam über.

Rezeption und Warteraum sind bereits von der Eingangstür zu erkennen.

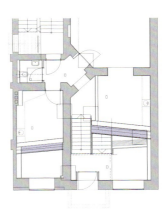

Ökologische Nischen

Planung Berschneider + Berschneider
Ort Habsberg Lauterhofen
Fertigstellung 2008
Fotografien Erich Spahn

Modern auch innen:
klare Linien, flächenbündige Details

Vertraute Formen, die zur Landschaft gehören, bestimmen den ersten Eindruck. Doch ist alles neu am Umweltpädagogischen Zentrum Habsberg in Lauterhofen. Bauökologie war Programm für den zweckmäßigen Holzbau mit einem Gruppenraum in Ziegelbauweise, der auch den ortsüblichen Kachelofen enthält.

Im Winkel zwischen der verputzten Wand und der vertikalen Lärchenschalung des Holzständerbaus ist eine Nische ausgebildet, die den tief eingeschnittenen Eingang schützt und ein Vordach überflüssig macht, das die klare Kubusform nur gestört hätte. In dieser Aussparung findet sich alles, was einen Hauszugang ausmacht: Sauberlaufzone, Klingelanlage, Licht und Schalter, Verglasung für Ein- und Ausblick und Belichtung, alles so schlicht und präzise flächenbündig gefügt, als müsse es einfach so sein. Diese Genauigkeit setzt sich innen fort: Sauberlaufen, Licht in der Decke und eine weitere Nische linkerhand, die hinter einer kleinen Theke demjenigen Platz bietet, der den Gästen behilflich ist. Rötliches Lärchenholz sowohl für die Außenschalung als auch für Fenster, Haustür und Theke kontrastiert mit weiß gestrichenen Wand- und Deckenflächen sowie den Grautönen der Bodenbeläge.

Präzise Funktionalität, handwerkliche Qualität und eine zurückhaltende Formensprache verbinden sich zu einem harmonischen Ganzen ohne falsche Allüren.

Überzeugend klare Formensprache außen: das Haustürelement mit rahmenloser seitlicher Verglasung

Zeichen: Zum Vorplatz hin bildet der Hauseingang den einzigen Einschnitt in der Fassade

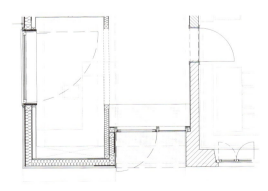

Corporate Architecture

Planung becker architekten
Ort Kempten
Fertigstellung 2008
Fotografien Nikolaus Grünwald

Die Straßenfront bei Nacht

Ein Glashaus für einen Glashersteller – banal oder einfach naheliegend? Für das Kompetenzzentrum für Glas im Interieur und am Haus in Kempten entschied man sich für die gläserne Hülle – zu Recht.

Zwar offen für den Blick, ist ein Glashaus doch meist ebenso eingeschränkt zugänglich wie ein konventioneller Bau. Das Erdgeschoss des Kemptener Glashauses scheint eine einzige Öffnung zu sein. Diesen ersten Eindruck korrigiert allerdings der Verlauf des abschüssigen Geländes, wie beim Blick auf die Zugangsrampe vor der rechten Gebäudehälfte deutlich wird. Diese ermöglicht den barrierefreien Zugang in den stützenfreien Großraum des Erdgeschosses unter dem weit gespannten Büroriegel mit einer Länge von 36 Metern.

Die automatische Glasschiebetüranlage öffnet sich geschosshoch auf einer Breite von etwa 3,5 Metern. Ein Glasband von Schrittlänge am Boden und im Dach macht dem Eintretenden den Übergang von außen nach innen bewusst und akzentuiert die Schwellensituation. Dieser Übergang bleibt im gesamten Gebäude präsent, da diese deutliche Fuge zwischen der Pfosten-Riegel-Fassade und dem massiven Kern des Baus die Entwurfsidee rundum konsequent formuliert. Mit dem Überschreiten dieser Schwelle ist man im Innenraum angekommen, rechter Hand gibt es eine Empfangstheke, nach links öffnet sich der Showroom. Dieser wird durch zwei Ausschnitte in der Decke optisch mit den Büroräumen im Obergeschoss verbunden und zusätzlich mit Tageslicht versorgt.

Minimale Geste: die Straßenfront bei Tag

Die Schwellensituation

Im Innenhof

Das zurückhaltende Zeichen in Form der Rampe genügt, um den Eingang bei Tag und bei Nacht zu markieren und die notwendige Orientierung zu geben.

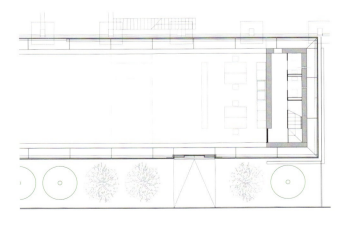

Versetzt

Planung f64 Architekten
Ort Kempten
Fertigstellung 2009
Fotografien Architekten

Zentrale Aufgabe des Umbaus war die barrierefreie Erschließung des gesamten Gebäudes, das Familienzentrum und Cityseelsorge der Pfarrei St. Lorenz in Kempten mit dem Caritaszentrum erstmalig unter einem Dach zusammenführt. In Absprache mit der Denkmalschutzbehörde, die von Anfang an einbezogen war, hat man zunächst den nördlichen Giebel abgetragen und in der Flucht des westlichen Gebäudeflügels neu errichtet. Diese Maßnahme ermöglichte es, die gesamte Erschließung über ein schmales Foyer großzügiger zu gestalten und dem bestehenden Treppenhaus einen Aufzugsschacht hinzuzufügen. Zwar ist dieser Schacht aufgrund des Geländeverlaufs nur vom Innenhof her ebenerdig zu erreichen, doch kann von dort das gesamte Gebäude barrierefrei erschlossen werden. Zusammen mit dem Eingang vom oben genannten rückwärtigen Innenhof bilden diese Erschließungselemente eine Art Gelenk zwischen dem östlichen und dem westlichen Gebäudeflügel.

Der neue Haupteingang wurde an der Ostseite eingefügt und setzt mit der diagonalen Aufwärtslinie der Treppe ein prägnantes Zeichen für den Besucher. Das raumhohe Fensterband des Zugangs lässt viel Licht in den Eingangsbereich mit Treppe und neu installiertem Aufzug. Im Übrigen gleicht die neue Nordfassade in den beiden oberen Geschossen ihrer Vorgängerin, lediglich auf die Fensterläden hat man zugunsten von Rollläden und einer insgesamt moderneren Wirkung verzichtet. Das gesamte Eingangselement, Treppe, Verkleidung,

Modern: Die Asymmetrie des neuen Eingangs verleiht der Fassade Spannung.

Türrahmen, Rahmen der Verglasung, Briefkästen und Rollgitter, besteht einheitlich aus bronzefarben eloxiertem Aluminium, in dem die Logos der Einrichtungen farblich abgesetzt worden sind.

Mit wenigen Eingriffen und ohne die Kubatur nennenswert zu verändern ist eine funktionierende Erschließung und Eingangssituation und auf diese Weise ein Gebäude von ganz neuer, moderner und offener Ausstrahlung entstanden.

Der schmale Aufgang kann nachts mit einem Rollgitter gesichert werden.

Vor der Neugestaltung: Rechts der Gebäudeversatz, der für die Erschließung genutzt wurde

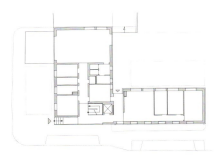

Heavy Metal

Planung Allmann Sattler Wappner . Architekten
Ort Reutlingen
Fertigstellung 2002
Fotografien Jens Passoth

Erdgeschoss und Vorplatz mit Ornamentplatten aus Edelstahl. Für die Einfahrt in die Tiefgarage wurden die ausgeschnittenen Bereiche fest verfüllt.

Das neue Gebäudeensemble des Verbands der Metallarbeitgeber in Baden-Württemberg fügt sich in Dimension, Dachform und Grünraum in die städtebauliche Struktur der umgebenden Gründerzeitbauten ein. Die markantesten Unterschiede sind der Edelstahl der Außenhaut aller drei Baukörper und das Fehlen klar erkennbarer Eingänge.

Ornamental ausgeschnittene, 5 Millimeter starke Metallplatten erinnern an Blattwerk, also den verschwundenen Garten; sie überziehen als Sonnenschutz die Festverglasungen wie auch die vollflächig verglasten Türflügel. Selbst der Plattenbelag auf dem gesamten Areal ist in derselben Machart in Edelstahl ausgeführt worden. Die Verkleidung auch der oberen Geschosse mit flächenbündigen Edelstahlblechen, hier ohne Ornament, wird dem Ort ebenso gerecht. Wenn das Haus für die Öffentlichkeit zugänglich ist, bleiben die Tore, um 180 Grad aufgeschlagen, weit geöffnet. So ist dann für jeden Besucher deutlich, wo sich der Eingang befindet. Außerhalb der Geschäftszeiten gibt es für die Mitarbeiter separate Nebeneingänge, so zum Beispiel auch durch die Tiefgarage.

Lebhaftes Licht- und Schattenspiel im Inneren des Erdgeschosses

Mit Innenbeleuchtung: die Scherenschnittmuster der vorgehängten Edelstahltafeln von außen

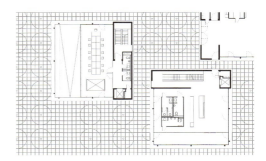

Leuchtendes Beispiel

Planung Architektur Büro Jäcklein
Ort Volkach
Fertigstellung 2008
Fotografien Stefan Meyer

Konfliktvermeidung: eigener Warteraum für Katzen

Deutlich hebt sich die Tierarztpraxis von den Nachbargebäuden ab: ein Flachbau inmitten von Giebelhäusern und Farbe, die freundlich und warm auf sich aufmerksam macht. Unmittelbar vor dem schmalen Gebäuderiegel, der nahezu die gesamte Grundstücksbreite einnimmt, liegen Parkplätze, die den Weg in die Praxis kurz halten. Das Vordach, das die gesamte Eingangsfront gegen die Witterung schützt, und die seitlichen Begrenzungswände bilden einen dominanten Rahmen, der dem Baukörper eine klare Kontur verleiht. Zwei Rampen führen von der Straße barrierefrei zum Gebäude, eine zur Garage, eine zum aus der Mitte gerückten Eingang, den drei vollflächig verglaste Elemente kennzeichnen. Fenster rechts und links des Eingangs lassen von außen bereits erkennen, welche Tier-Patienten schon in den beiden Warteräumen sind, so dass Konflikte vermieden werden können. Die Fenster- und Türelemente sind aus rot beschichtetem Aluminium, die Wandverkleidung dagegen aus rot und orange lasierten Dreischichtplatten gefertigt worden. Im Inneren dominiert eine Theke die Eingangssituation in den Orange- und Rottönen der Fassade, der Innenraum ansonsten ist in neutralem Weiß gehalten – ganz offensichtlich eine Praxis.

Fröhliches Farbenspiel zur Straße hin

Eingerahmt: Sockel und Vordach schützen den Eingang.

Die freundliche Farbgebung setzt sich im Inneren fort.

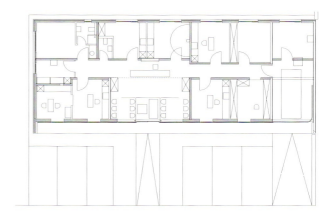

Im Weinland

Planung Architektur Büro Jäcklein
Ort Volkach
Fertigstellung 2008
Fotografien Stefan Meyer

Hell, freundlich und modern in historischer Hülle

Auch für das traditionsreiche Handwerk des Winzers ist es wichtig, mit der Zeit zu gehen, um bestehen zu können. Auf welche Weise das möglich ist, zeigt eine Vinothek in Volkach. Die Anlaufstelle für die Kunden ist als neuer Raum in einem denkmalgeschützten barocken Haus entstanden, an dessen Zugang bereits sich Alt und Neu bereits begegnen: Die Tordurchfahrt, der Treppenaufgang, die Türlaibung sind nicht verändert worden, doch das voll verglaste Türelement des Vinothekeingangs und die deckenbündige Beleuchtung davor sind neu. Diese Kombination setzt sich im Raum selbst fort: Ausbau und Mobiliar sind konsequent modern, Treppe und Fenster erinnern an vergangene Zeiten.

Der helle Steinboden des Innenraums nimmt das Material der historischen Eingangsstufen von außen auf. Helle Farben, weißer Putz, natürlich belassenes Eichenholz und geätztes Glas definieren die Stimmung und bilden den Hintergrund der Weinpräsentation. Besucher werden durch die alte Treppe und die moderne Glasfläche gezielt in den Teil der Vinothek geführt, in dem die Weine sie erwarten. Das dezente barocke Ornament auf den Glasscheiben haben die Wiener Künstler und Grafiker Marcel Neundörfer und Blagovesta Bakardjieva gestaltet.

Geschützt in der Durchfahrt: der
Eingang in die Weinhandlung

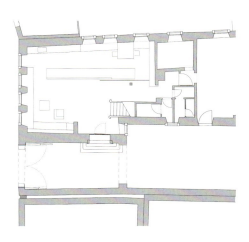

Das denkmalgeschützte Winzerhaus
von außen

Eintauchen

Planung bottega+erhardt architekten
Ort Ludwigsburg
Fertigstellung 2007
Fotografien Werner Huthmacher

Übergang aus der alltäglichen in die kreative Welt

Der Übergang von der Welt draußen in die Werbewelt ist extrem. Zunächst das Übliche: Ein Standard-Türelement aus Holz mit seitlicher Verglasung führt in die Büroräume der Agentur. Bereits auf der Schwelle wird deutlich, dass es keine gewöhnlichen Büroräume sind, denn es folgt ein Eingangskorridor, der durch den Einbau von schwarz beschichteten Platten zu einem Tunnel gestaltet wurde; räumliche Spannung bringen die Abmessungen mit sich: die Überhöhe des Dachgeschosses mit etwa 3,5 Metern lichter Durchgangshöhe für den Korridor in seiner neuen Gestalt, die Länge von 7 Metern und der keilförmig sich verjüngende Grundriss. Der rautenförmige Austritt aus dem Tunnel begrenzt den Blick in die Büroetage unter dem offenen Dachstuhl mit ihrer diagonal aufstrebenden Tendenz. Unterstützt wird die grafisch-räumliche Wirkung des Entrees durch die Beschränkung der Farbigkeit auf Schwarz und Weiß, die Repräsentanten maximaler Helligkeit und Dunkelheit. Diese rigorose Reduktion hat einen praktischen Grund: Wer hier mit Texten, Bildern und Farben arbeitet, braucht eine helle, aber farbneutrale Umgebung.

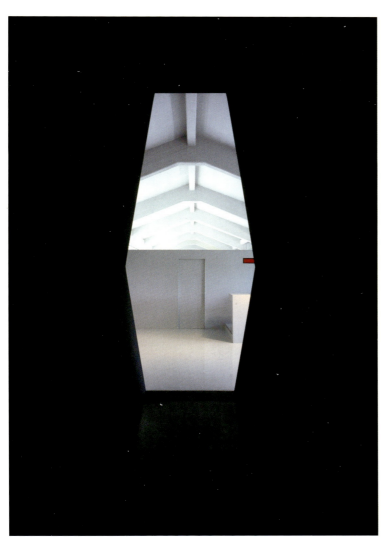

Kontrastprogramm: Im schwarzen Durchgang wird die Umwelt ausgeblendet.

Der weiße Empfangsbereich lässt Weite spüren.

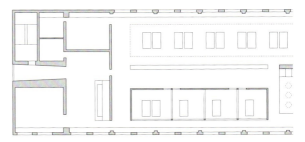

Bauten für Veranstaltungen, Hotel

Lichtspiel

Planung Brückner & Brückner Architekten
Ort Bad Kissingen
Fertigstellung 2003
Fotografien Peter Manev, Constantin Meyer

Nicht in der Mitte des klassizistisch-symmetrischen Baus liegt der Eingang zur Spielbank von Bad Kissingen, man gelangt von der Seite her hinein: vom linken Seitenflügel in das Casino, vom rechten in das Restaurant. Die neu gestalteten Portale erinnern an weit geöffnete, überdimensionierte Türflügel, auf denen hinterleuchtete Schriftzüge den Weg weisen. Die eigentliche Haustür befindet sich in Form eines Windfangs als doppelte Ganzglas-Doppelschwingflügeltür in einem schwarzen Tunnel. Diese Eingangselemente fügen sich in den Rhythmus der Fassade, unterordnen wollen sich die auf Fernwirkung gestalteten Zeichen nicht. Das im Inneren anschließende Casino-Foyer gehört mit seinem modernen Kontrastprogramm zum Entree: Vielfach hintereinander gereiht betonen Aluminiumrahmen die perspektivische Wirkung des langgestreckten Raums; ihre Anordnung in einer leichten Kurve verleiht dem Foyer einen beschwingten Ausdruck und mindert optisch seine Länge. Digital gesteuerte farbige RGB-Leuchtstoffröhren ermöglichen den Farb- und damit Stimmungswechsel auf dem Weg vom Erdgeschoss hinauf in die Spielsäle. Auch dynamisch wechselnde Lichtinszenierungen sind möglich, denn jeder einzelne Rahmen ist individuell steuerbar. Der neue Eingang in das Casino fügt sich in die historische Ansicht, der zeitgenössische Entwurf entfaltet seine volle Wirkung erst im Inneren, wo das Lichtspiel sehr treffend auf die Unzuverlässigkeit des Glücks im Spiel verweist.

Das Spiel beginnt: Kühles Blau oder
heißes Rot – Lichtspiele zur Rauminszenierung

Weit geöffnet: Die stilisierten
Türflügel weisen auch nachts den
Weg.

Die Symmetrie der Fassade ist
gewahrt: Die beiden neu gestalteten
Eingänge

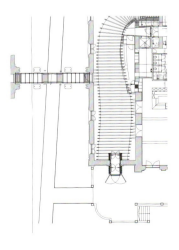

101

Zugang zum Produkt

Planung eins:33, Hendrik Müller
Ort London
Fertigstellung 2007
Fotografien Architekten

Veranstaltungen zur Einführung von Produkten stehen, wie kaum eine andere Art der Präsentation, für Schnelllebigkeit – Kommen, Zeigen, Gehen. Dazu gehört die räumliche Inszenierung, wie man sie für die Vorstellung neuer Hausgeräte wählte: Die Gewölbe unter der London Bridge sollten als kontrastreicher Rahmen dem Auftritt der Marke die gewünschte Aufmerksamkeit garantieren. Die nahezu 1800 Quadratmeter großen, komplett leerstehenden Katakomben wurden zu einer atmosphärisch vielschichtigen Bühne. Ihr Haupteingang in einem Tunnel konnte aufgrund des vorbeifließenden Verkehrs und der Beengtheit nur wenig spektakulär gestaltet werden, umso mehr Wert legte man im Inneren auf den Zugang zur Präsentation. Vom Foyer führt der Weg über drei skulptural wirkende Stufen in einen Licht-Tunnel, in dem ein Steg von einer barrierefreien Rampe flankiert wird. Die Passage durch das blendende Weiß aller Oberflächen, die durch direktes und indirektes Licht zum Strahlen gebracht wurden, inszeniert den Zugang zu den neuen Produkten. Alle Eindrücke der Welt draußen sollen ausgeblendet, die Aufmerksamkeit allein auf die Produktinnovationen gelenkt werden.

Licht von allen Seiten lädt dazu ein, den Alltag zu vergessen.

Der Zugang zur Produktpräsentation hinter dem Garderobenbereich

Dunkel, geheimnisvoll und ein wenig unheimlich: Londons Untergrund

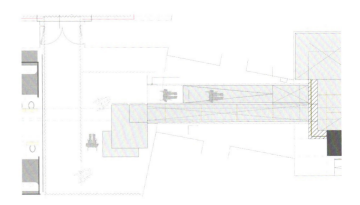

Kontrast

Planung Van den Valentyn
Ort Gütersloh
Fertigstellung 2007
Fotografien Rainer Mader

Der Stammsitz eines weltweit tätigen Unternehmens in Deutschland zeigt seinen Besuchern eine solide, wenn auch zurückhaltende Industriebaufassade. Mit einer Überdachung wollte man den Haupteingang für Besucher besser ins Licht rücken; diese Überdachung verweist in ihrer Gestaltung deutlich auf den Eingang im Winkel zweier Gebäudetrakte, sie hebt dessen Bedeutung zudem mit ihrer Dimension hervor.

Acht schlanke Edelstahlstützen, scheinbar frei und ohne Ordnung positioniert, tragen ein weit vorspringendes weißes Vordach, das in weich fließenden Kurven zum Eingang führt – ein formaler Kontrast zur orthogonalen Ernsthaftigkeit des Gebäudes. Materialien und Farben, Edelstahl für die Stützen und weiß beschichteter Stahl für das Dach, erinnern an die Produkte, die in diesen Gebäuden gefertigt werden, die sogenannte »Weiße Ware«, elektrische Haushaltsgeräte, die uns allen die Arbeit im Haushalt erleichtern. Für die Inszenierung bei Dunkelheit wurden Bodenstrahler im Plattenbelag eingelassen, die der Kontur des Daches folgen. Die freien Formen von Kurven und Ausschnitten für verglaste Oberlichter ergeben ein wolkenartig skulpturales Dach, das interessante Schatten auf den Weg zum Eingang wirft.

Bei Nacht: Bodenstrahler beleuchten die stilisierte Wolke.

Bei Tag: Licht und Schatten bilden Inseln und Wege.

Detail des Vordaches mit Edelstahlstütze und Oberlichtverglasung

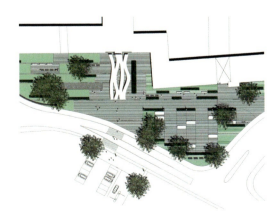

Hinter historischen Mauern

Planung Vos Interieur
Lichtplanung Ingo Maurer
Ort Maastricht
Fertigstellung 2005
Fotografien Tom Vack

Vom Tunnel ins Kirchenschiff, in die modern gestaltete Lobby

Umnutzungen geschichtsträchtiger Gebäude sind Herausforderung und Gratwanderung – wie viel Neues verträgt die historische Substanz, was soll erhalten werden? Ganz besonders heikel wird es bei der Umnutzung einer bestens erhaltenen gotischen Klosteranlage zu einem Hotel; so geschehen in Maastricht mit der Kruisherenkerk, der Kirche des Kreuzherrenklosters. Bereits der neue Eingang trägt der veränderten Bestimmung in einer Form Rechnung, die eine dem Bestand diametral entgegengesetzte Formensprache spricht. In den mit Kupfer ausgekleideten Tunnel, der ungefähr 8 Meter lang ist und Außen und Innen verbindet, wurde der Windfang in Form von zwei automatischen Schiebetüranlagen integriert. Auf dieser Zeitreise hat der Besucher genug Zeit, sich auf die spannungsreiche Umgebung im Foyer einzustellen. Die künstliche Beleuchtung des Tunnels erfolgt ausschließlich durch Einbauleuchten, die bündig in den Boden eingelassen sind und deren Licht von der Tunneloberfläche in warmen Rottönen reflektiert wird.

Dieser Durchgang führt die Gäste unter dem Seitenschiff hindurch in die Hotellobby im Mittelschiff, in dem unter dem historischen Kreuzrippengewölbe Rezeption, Bar, Restaurant und Aufzug ihren Platz gefunden haben. Die Gästezimmer des Hotels liegen in den Trakten um den Kreuzgang.

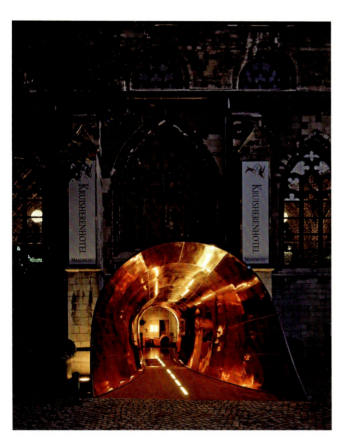

Bei Nacht weist der Lichtstrahl im Boden den Weg.

Außenansicht bei Tag: Der Tunnel nimmt farblich Bezug auf den Naturstein der gotischen Fassade.

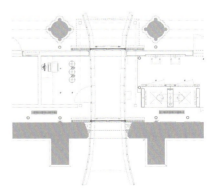

Öffentliche Bauten

Fließend

Planung Zaha Hadid Architects
Ort Innsbruck
Fertigstellung 2007
Fotografien Werner Huthmacher

Die Endstation Hungerburg auf 857 Meter Höhe in der Nacht; ab hier fährt die Seilbahn weiter.

In Innsbruck, der Hauptstadt des österreichischen Bundeslandes Tirol, bringen die Nordkettenbahnen Touristen und Ausflügler aus dem Stadtzentrum innerhalb von zwanzig Minuten in die hochalpine Bergwelt des Karwendels, von wo sich ein atemberaubender Blick auf die Stadt bietet. Für die Hungerburgbahn realisierten die Sieger des Architekturwettbewerbs im Zuge ihres Neubaus die vier unteren Bahnstationen Congress, Löwentor, Alpenzoo und Hungerburg. Die Bahnhöfe umfassen jeweils den Gleiskörper und das Eingangsbauwerk zur Erschließung. Dieses wurde in allen vier Fällen an die städtebauliche Situation beziehungsweise die Topografie des Standortes angepasst. Es besteht aus Treppen- und Aufzugsanlage, Bahnsteigen und Dach. Die eingesetzten Materialien beschränken sich im Wesentlichen auf Stahl, Glas und Sichtbeton. Das alle verbindende Merkmal ist die organische Form der Dächer, die wie Wolken über Schienen und Zugängen zu schweben scheinen oder von weitem an von Gletschern rund geschliffene Steine erinnern. Diese Dächer sind das weithin sichtbare Zeichen, das an jedem Standort auf die Bahn hinweist. Die Herstellung der frei geformten Elemente erfolgte durch CNC-gesteuertes Fräsen der Formen und Thermoforming der Plattenelemente aus Glas. Die künstliche Beleuchtung bei Nacht kehrt die Tageslichtsituation um, nun rücken Bodenstrahler die Dächer von unten ins rechte Licht. Für die Ausleuchtung der Treppen aus vorgefertigten Sichtbetonelementen sind Handläufe aus Aluminium entwickelt und

Tief in der Nacht

Derselbe Ort bei Tag

Die Haltestelle Congress bei Nacht

integriert worden, in die unten eine durchgehende Leiste von LED-Lampen installiert wurde.

Mit allen vier Stationen sind formal singuläre, signifikante Eingangsbauwerke entstanden, die eine eindeutige Fernwirkung entwickeln und damit auf die öffentliche Bahn hinweisen.

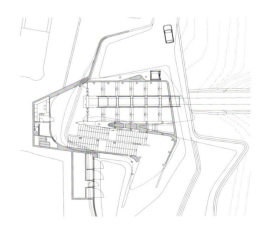

111

Licht und offen

Planung Nieberg | Architect
Ort Stadthagen
Fertigstellung 2008
Fotografien Axel Nieberg

Steigende Schülerzahlen machten für das Wilhelm-Busch-Gymnasium in Stadthagen einen großzügigeren Eingangsbereich nötig, der als Pausenhalle und, mit einer Bühne ausgestattet, auch als Auditorium und Veranstaltungsraum genutzt werden kann – der Eingang als Multifunktionsraum, wie er an jeder Schule gut gebraucht werden kann.

Der neue Zugangsbereich fügt sich in einen Winkel zweier Trakte der bestehenden Schulgebäude ein. Ein wuchtiges Portal aus Sichtbeton rahmt den Windfang, der als Nur-Glas-Kubus darunter eingestellt worden ist und die Schleuse zwischen Schulhof und Schulgebäude bildet. Zwei Ganz-Glas-Doppelschwingflügeltüren nebeneinander bewältigen auch große Schülerzahlen. Das weite Quadrat der Eingangshalle hinter dem Windfang vermittelt sehr gut zwischen der Großräumigkeit des Schulhofes und den kleinteiligen Strukturen im Inneren des Bestandes. Die Rasterung der Hallendecke baut auf dem halben Maß des Stützenrasters im Bestand auf und hat mehrere Funktionen: Neben dem weit gespannten Tragwerk, das statisch als Gitterrost konzipiert wurde, entstehen im Rastermaß auf der ganzen Fläche quadratische Oberlichter, deren orangefarbene Verkleidungen einerseits das Tageslicht warm wirken lassen und gleichzeitig als Akustikpaneele ausgebildet sind. Die Lampen leuchten sowohl direkt nach unten als auch indirekt über die Decke, sodass bei Kunstlicht ähnliche Lichtverhältnisse gegeben sind wie tagsüber.

Der Haupteingang als wuchtiger
Rahmen für den sehr transparenten
Windfang

Wichtiges Detail an Stoßtüren: Die
Richtungsangabe

Die Eingangshalle von innen mit den
Oberlichtfeldern, den orangefarbenen
Akustikpaneelen und den speziell
gefertigten Leuchten

Kultur im Speicher

Planung Brückner & Brückner Architekten
Ort Würzburg
Fertigstellung 2002
Fotografien Peter Manev (1), André Mühling (2)

Durchgang: Der asymmetrisch in die Fassade gefügte Eingang liegt in der Achse zwischen Stadt und Fluss.

Nach fast zwanzig Jahren Leerstand erhielt das ehemalige Speichergebäude am Würzburger Hafen – einst das bedeutendste in ganz Bayern – eine neue Bestimmung: Im einstigen Lagerhaus wird heute, nach einem radikalen Umbau, Kunst ausgestellt. Vom Bestandsgebäude steht noch die wuchtige Natursteinfassade, die weiterhin den Standort am Main im Sinne eines Orts der Erinnerung und der Denkmalpflege markiert. Der neu gestaltete Eingang aber lässt schon von weitem erkennen, dass das Gebäude einen Wandel erfahren hat. Zwei Geschosse hoch ist der Einschnitt dafür in die barockisierende Giebelfassade von 1904; das Seitenverhältnis (Breite zu Höhe) von 1:2 nimmt auf die Proportion des Bestandes Bezug. Dieses vertikale Element wird durch breitgelagerten Stufen und die Rampe für barrierefreien Zugang vom Vorplatz ergänzt. Die Materialien des neuen Bauteils, Beton, Stahl, Aluminium und Glas, bringen eine neue Formensprache mit sich: glatt, flächig und transparent. So verweisen Materialien und Formen auch auf die Neuerungen im Inneren. Im Zuge der Umbaumaßnahmen wurden sämtliche Zwischendecken entfernt, so dass im Foyer nur noch ein Skelett von alten Eichenbalken das neue Glasdach trägt. Entstanden ist ein ungewöhnlicher Raum von unvermuteter Höhe und Helligkeit, der seiner Funktion als Verteiler auch an der Rückseite gerecht wird. Dort wurden nach der Entkernung mit den neu geschaffenen Ausstellungsräumen in zwei eingestellten dreigeschossigen Betonkuben auch Treppen, Galerien und Aufzüge entsprechend den neuen Erfordernissen gestaltet.

Vertikal: Im Foyer wurde das alte Holzskelett erhalten, der Raum mit einem verglasten Dach nach oben geöffnet.

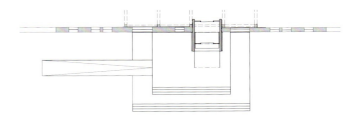

Teleskop

Planung Steinert & Steinert
Ort Mittenwald
Fertigstellung 2008
Fotografien Peter Czajka

Der rauen Natur der Bergwelt entgegengestellt

Das Wetter brachte den Bauzeitenplan für das Naturinformationszentrum Bergwelt Karwendel in 2244 Metern Höhe über Mittenwald gehörig durcheinander, mehr als einmal musste die Fertigstellung verschoben, mussten die Kosten neu berechnet werden; im Sommer 2008 wurde es eröffnet.

Die Gäste gelangen über einen Steg aus verzinktem Stahl oder durch das »Standbein« des teleskopähnlichen Baus aus Stahlbeton in den Ausstellungsraum, der über die Bergwelt und ihre Bedrohung informiert. Beide Zugänge machen, jeder auf seine Art, den Übergang von der Natur in den gebauten Raum deutlich: vom felsigen Untergrund über eine Treppe im geschützten Sockel nach oben oder über den dem Wind ausgesetzten Steg zum seitlichen Eingang in die Röhre. Die Zugänge sind auch die Ausgänge, beide machen bewusst, dass in dieser exponierten Lage der Innenraum in besonderem Maße ein Schutzraum, ein Zufluchtsort ist. Die Materialien wählte man entsprechend ihrer Widerstandsfähigkeit gegen die Unbilden der Natur, gegen Sturm, Regen, Schnee und Frost; die Wahl fiel auf Stahlbeton, verzinkten Stahl und unbehandeltes Lärchenholz.

Luftig: Der Zugang über den Steg

Zimmer mit Aussicht: Der Ausstellungsraum mit Bergblick

Abgehoben: Auf einem Standbein hält das Teleskop die Balance.

Schrittweise erschlossen

Planung Berschneider + Berschneider
Ort Neumarkt in der Oberpfalz
Fertigstellung 2009
Fotografien Erich Spahn

Moderne Materialien an der historischen Fassade

Für die weltweit einzigartige Sammlung historischer Maybach-Fahrzeuge ist ein Museum in den alten Fabrikhallen der Express Fahrradwerke AG entstanden. Das Ensemble der historischen Industriegebäude in Neumarkt wurde für die neue Nutzung auch neu erschlossen.

Von der Straße im Norden führt ein Durchgang, eine ehemalige Werkseinfahrt, in einen geschützten Innenhof, auf dessen Südseite das neue Foyer liegt, mit einer Glasfront, die sich bei Bedarf ganzflächig öffnen lässt. Bei geeigneter Witterung kann der ohnehin großzügige Eingangsbereich so mehr als verdoppelt werden. Der Bodenbelag – passend zum Automobil aus Asphalt – verläuft schwellenfrei von innen nach außen, unterbrochen nur von Bodenschiene und Ablaufrinne.

Dadurch verstärkt sich der Eindruck von Offenheit, wie auch durch die großflächigen Verglasungen im Dach, die den Oberlichtbändern der Industriearchitektur entsprechen. Zudem nimmt die zurückhaltende Gestaltung der Details, viele davon aus Stahl, Bezug auf diese Tradition der Werkstätten und Produktionshallen.

Der Zugang von der Straße durch den Torbogen in den Hof, von dort in das Foyer und schließlich in die Ausstellungsräume steigert als Abfolge unterschiedlicher Räume die Erwartung auf die Exponate. Die Objekte selbst werden in zwei Bereichen der alten Produktionshallen gezeigt, deren Verbindung das neue Foyer herstellt. Der westliche Bereich präsentiert die große Sammlung historischer Automobile, der östliche die kleinere

Express-Ausstellung, die an die ursprüngliche Nutzung als Fahrradfabrik erinnert. Außerdem befinden sich in diesem Teil Tagungsräume und der Bereich der Museumsgastronomie.

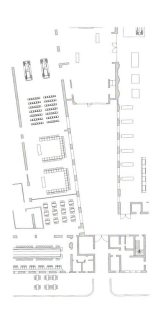

Geräumig: Foyer und Innenhof lassen sich verbinden.

Konzentrierte Ruhe: Der Innenhof in der Dämmerung

Lichter Empfang im Foyer

Moduliertes Licht

Planung Berschneider + Berschneider
Ort Neumarkt in der Oberpfalz
Fertigstellung 2004
Fotografien Erich Spahn

Signifikant: Das rote Tor markiert den Eingang.

Es ist außergewöhnlich, dass ein Künstler noch beratend an der Konzeption des Museums für seine Arbeiten mitwirken kann. Lothar Fischer war es vergönnt, und für die Architekten erwies sich dies als Glücksfall; aus den vielen Gesprächen mit Fischer haben die Architekten gelernt, welches Licht (diffus, direkt, streifend) welches Material (Eisen, Gips, Ton, Bronze) am besten wirken lässt. Die Architekten ließen diese Erkenntnisse bei der Ausrichtung der Räume in die verschiedenen Himmelsrichtungen und die differenzierte Belichtung durch großflächige Verglasungen, Oberlichter oder seitliche Belichtung durch kleine Öffnungen einfließen.

Der nach Osten gerichtete Eingang im fensterlosen Vorbau des Museumskubus ist nicht zu übersehen: geöffnet wie geschlossen leuchtet er rot im ansonsten weißen Putz. Auch dies geht auf Lothar Fischer zurück, der sich für eine klare Ablesbarkeit der Funktionen an der äußeren Erscheinung des Baus eingesetzt hat. Das quadratische Eingangstor in leuchtendem Rot besteht aus zwei Elementen, einem schmalen, feststehenden Teil links für Klingelanlage, Briefkasten und Beleuchtung, die durch die einheitliche Farbgebung gestalterisch vollständig integriert wurden, sowie einem großen Drehflügel, der sich einladend nach innen in den Windfang öffnet. Es handelt sich um eine wärmegedämmte Metallkonstruktion. Im Anschluss an den knapp bemessenen Windfang wartet das Foyer als Schnittpunkt der verschiedenen Wege auf; von hier aus betritt man den großen Ausstellungsraum im Erdgeschoss,

Eingangstor von innen

Empfangstheke im Eingangsbereich, im Hintergrund der Durchgang zum Aufzugsturm

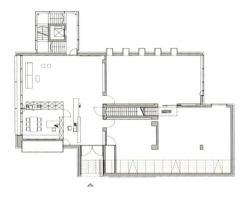

die Treppe in das Obergeschoss und durchquert die Eingangshalle Richtung Aufzugs- und Treppenturm. Als Museum, das dem Werk eines Künstlers gewidmet ist, besteht die Ausstellungstätigkeit in der Präsentation von dessen Werken, darüber hinaus finden dreimal im Jahr Wechselausstellungen statt.

Form- und Farbgebung setzen sich hinter dem Eingangstor fort im Weiß der Wandflächen als neutralem Hintergrund der Kunstwerke und in roten Farbakzenten als Verweisen auf den Empfang, auf Informations- und Kassentheke und auf den Fahrstuhl weiter hinten im Raum. Die Materialien im Innenraum des gesamten Museums sind reduziert auf weiß gestrichene verputzte Wände und die hellgraue mineralische Spachtelung des Bodens. Das Foyer wird, im Gegensatz zu den Ausstellungsräumen, ausschließlich indirekt von oben belichtet; auch die künstliche Beleuchtung erfolgt indirekt aus den Randbereichen der abgehängten Decken. Eine Ausnahme stellt der Beleuchtungskörper im Kassenbereich dar, der einem Stahlträger nachempfunden ist.

Das Tor macht weit

Planung Allmann Sattler Wappner . Architekten
Ort München
Fertigstellung 2000
Fotografien Florian Holzherr

Schwellenraum: Zwischen Glashülle und den Ahornlamellen des Holzkubus ergibt sich ein Umgang um den Kirchenraum.

Offener kann man Menschen nicht in Empfang nehmen: Die gesamte Südfassade der Herz-Jesu-Kirche im Münchner Stadtteil Neuhausen lässt sich wie ein Tor öffnen. Die Geste spricht für sich, sie lädt vom Vorplatz zwischen Kirche und Glockenturm in die Vorhalle, der Übergang von außen nach innen wird fließend. Das Kirchenschiff selbst bleibt auch bei weit geöffnetem Tor ein Ort der Besinnung und des Gebets, denn es umfängt ein mit der äußeren Glashülle nicht verbundener Holzkubus, den man durch einen weiteren Eingang von der Vorhalle aus betritt. Eine technische Meisterleistung ist der Öffnungsmechanismus der Glastore, der diese gleichzeitig langsam auffahren lässt. Im Untergeschoss befinden sich entsprechende Motoren, die den Mechanismus in Bewegung setzen. Die zwei Schichten der mit Quadratfeldern gerasterten Verglasung hat der englische Künstler Alexander Beleschenko gestaltet. Ein Muster aus stilisierten weißen Nägeln verschlüsselt ornamental-codeartig den Text der Passionsgeschichte nach Johannes auf der äußeren Schicht; blaue Nägel auf der inneren Schicht lassen schemenhaft ein Kreuz erscheinen. So ist auch bei meist geschlossener Fassade der Glaskubus als Sakralbau zu erkennen, in den zwei klein wirkende, aber normal große Türen in derselben Materialität Einlass gewähren; in jener spektakulären Weise offen ist die Fassade nur an hohen Festtagen des Kirchenjahres.

Die beiden weit geöffneten Flügel des Südportals geben den Blick frei auf den Holzkubus des Kirchenraums.

Detail der Tore mit der Glasgestaltung des Künstlers Alexander Beleschenko

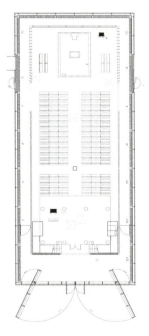

Anhang

Anforderungen an die Planung von Eingängen

Für alle Arten von Gebäuden gilt es, folgende Erfordernisse zu berücksichtigen:

- Anfahrt, Vorfahrt, Parkierung
- Zonierung – öffentliche, halböffentliche und private Bereiche von Eingängen
- Identität des Gebäudes als eigenständiges Objekt
- Adresse: Briefkasten, Hausnummer, Beschilderung
- Akzente außen: Tor, Stufe, Treppe, Rampe, Brücke, Vordach, Portikus
- Orientierung: Sichtverbindungen, Blickführung
- Barrierefreiheit nach DIN 18025-1, 2
- Schwellensituation – Verknüpfung von äußerem und innerem Eingangsbereich
- Technik: Klingelanlage, Gegensprechanlage, Meldeanlagen
- Überblick und Zugangskontrolle: Türsprechanlagen, Pforte, Rezeption, Videoüberwachung, Personenschleusen, Metalldetektoren
- Foyer, Empfangshalle, Eingangsflur, Treppenhaus
- Orientierungsbereich für alle Nutzer
- Sauberlaufzonen und Schmutzschleusen
- Flucht und Rettungswege
- Brandmeldeanlagen, Hausalarm, Entrauchung

Für bestimmte Bauaufgaben kommen ergänzende Punkte hinzu:

Öffentliche Verwaltungsbauten
- Pforte
- Orientierungssystem: Wegeleitsystem, Türbeschilderung

Kindergärten, Schulen und Hochschulen
- Pforte
- Orientierungssystem: Wegeleitsystem, Türbeschilderung
- Garderoben
- Schließfächer und Spinde
- DIN 58125

Einkaufszentren und Geschäftsbauten
- Wegeleitsystem

Bankgebäude
- Servicebereich und 24h-Banking mit Automatenstationen
- Sicherheitssysteme, Sicherheitstüren
- Orientierungssystem: Wegeleitsystem, Türbeschilderung
- Aufgang und Aufzuganlagen zu Direktion, Konferenz, etc.
- Eingangs- und Kundenhalle mit repräsentativer Funktion
- Weitere Zugänge für Personal und Geldtransporte

Bauten für Kultur
- Orientierungssystem: Wegeleitsystem, Türbeschilderung
- Garderoben, gegebenenfalls Schließfächer und Spinde
- Repräsentativer Eingang nur für Gäste
- Foyer als repräsentativer Mittelpunkt und Erlebnisraum der Erschließung
- Separate Zugänge für Personal und Anlieferung

Hotel und Gastronomie
- Repräsentativer Eingang nur für Gäste
- Eingangsbereich (Portier)
- Foyer als repräsentativer Mittelpunkt und Erlebnisraum der Erschließung
- Rezeption
- Orientierungssystem: Wegeleitsystem, Türbeschilderung
- Separate Zugänge für Personal und Anlieferung

Sportbauten, Schwimmbäder und Thermen
- Großzügiger Eingangsbereich für Gäste
- Eingang mit Wartezone und Kassen
- Empfangshalle als repräsentativer Zugang und Erlebnisraum der Erschließung
- Orientierungssystem: Wegeleitsystem, Türbeschilderung
- Separate Zugänge für Personal und Anlieferung

Alten- und Pflegeeinrichtungen
- Barrierefreier Eingang für Bewohner und Gäste
- Eingang mit Pforte
- Orientierungssystem: Wegeleitsystem, Türbeschilderung
- Aufzug in unmittelbarer Nähe des Eingangs
- Separate Zugänge für Personal und Anlieferung

Krankenhäuser
- Großzügiger Eingangsbereich mit Pforte und Information für Besucher
- Orientierungssystem: Wegeleitsystem, Türbeschilderung
- Empfangshalle mit Wartebereich als Verteiler zu den Abteilungen
- Notfallambulanz mit eigener Anfahrt
- Separate Zugänge für Personal und Anlieferung

Glossar

Antriebssystem
Für automatisch öffnende Türen muss ein motorischer Antrieb entweder im Boden oder im Sturz über der Tür eingebaut werden.

Aufgedoppelte Holztüren
Bei Haustüren, die außen mit einer Verkleidung, meist aus Holz, versehen werden, spricht man von aufgedoppelten Türen. Die Verkleidung kann auch aus Plattenwerkstoffen oder Metallblechen bestehen.

Barrierefreier Zugang
Barrierefreie Zugänge müssen so ausgebildet sein, dass sie für Personen mit Handicap (Rollstuhl, Blindheit, etc.) problemlos passiert werden können. Dazu sollten keine Schwellen ausgebildet werden, die Durchgangsbreite sollte mindestens einen Meter betragen und schwere Eingangstüren sollten über einen Türöffner verfügen. Treppenanlagen müssen mit einer Rampe oder einer anderweitigen Hilfe ausgestattet sein.

Behindertengerechter Zugang
Siehe oben

Beleuchtung und Beschilderung
Eingänge sollten außen wie innen beleuchtet sein und über eine Beschilderung (Hausnummer, Firmenschild und Klingelanlage) verfügen, um für Rettungs- und Zustelldienste bei Tag und Nacht erkennbar zu sein.

Beschläge
Oberbegriff für die beweglichen und unbeweglichen mechanischen Anbauteile an einer Tür, die ihre Funktion gewährleisten. Dazu zählen die Türbänder, das Türschloss, eventuelle Sicherheitsschließungen und die Drückergarnitur oder die Stoßgriffe. Auch die automatischen Antriebe werden zu ben Beschlägen gezählt.

Bewegungsmelder
Bewegungsmelder reagieren auf Bewegung in einem bestimmten Sektor. Es gibt unterschiedliche technische Ausführungen, die entweder auf der Infrarot-Erkennung von warmen sich bewegenden Personen oder Tieren basieren oder aber Radar- oder Ultraschallwellen nutzen, die auch kalte, sich bewegende Objekte erkennen können.

Biometrische Identifikationseinheit
Darunter versteht man heute eine kleine Scaneinheit, die es ermöglicht, eindeutige persönliche Identifikationsmerkmale wie z.B. den Fingerabdruck oder die Iris des Auges mit gespeicherten Daten von Personen zu vergleichen, die legitimiert sind einen Eingang zu benutzen und bei positiver Übereinstimmung die Tür zu öffnen.

Brandschutz
Für den Durchgang durch Brandabschnitte innerhalb von Gebäuden müssen Türen mit besonderer Zertifizierung verwendet werden, die den Erfordernissen der Wand entsprechen. Auch Türzarge und die Beschläge müssen die entsprechende Zertifizierung haben. Man unterscheidet Brandschutztüren und Rauchabschlusstüren. Die Anforderungen an diese Türen und ihre Bauteile (Materialien, Beschläge, Verglasungen, etc.) werden in den Vorschriften DIN 4102 für Brandschutztüren und DIN 18095 für Rauchschutztüren spezifiziert. Die Eignung wird in der Feuerwiderstandsdauer beschrieben, eine Tür mit der Bezeichnung T30 muss also auch nach 30 Minuten Brand sowohl noch schließen als sich auch öffnen lassen. Man unterscheidet die Feuerwiderstandsklassen T30 (feuerhemmend), T60 (hochfeuerhemmend), T90, T120 und T180 (alle feuerbeständig).

Briefkasten
Jedes Gebäude mit eigener Adresse muss mit einem Briefkasten ausgestattet sein, um Postdiensten die Zustellung von Lieferungen und Dokumenten zu ermöglichen.

Codekarte und Codekartenlesegerät,
auch elektronischer Schlüssel genannt. Eine Scheckkarte, auf der die Zugangslegitimation einer bestimmten Person für eine elektronische Schließanlage gespeichert ist. Das Codekartenlesegerät prüft den Inhalt auf der Karte und öffnet bei positivem Datenabgleich die Tür.

DIN-EN-Norm
»Das DIN Deutsches Institut für Normung e.V. erarbeitet Normen und Standards als Dienstleistung für Wirtschaft, Staat und Gesellschaft. Das DIN ist privatwirtschaftlich organisiert mit dem rechtlichen Status eines gemeinnützigen Vereins. Der Geschäftssitz ist seit 1917 in Berlin. Die Hauptaufgabe des DIN besteht darin, gemeinsam mit den Vertretern der interessierten Kreise konsensbasierte Normen markt- und zeitgerecht zu erarbeiten. Hierfür bringen rund 26.000 Expertinnen und Experten ihr Fachwissen in die Normungsarbeit ein. Auf Grund eines Vertrages mit der Bundesrepublik Deutschland ist das DIN als die nationale Normungsorganisation in den europäischen und internationalen Normungsorganisationen anerkannt. Heute ist die Normungsarbeit des DIN zu fast 90 Prozent europäisch und international ausgerichtet.«

Drehtüranlage (manuell/automatisch)
Darunter versteht man Türen mit meist drei oder vier starr zueinander montierten Flügeln, die um eine zentrale vertikale Achse rotieren. Diese befinden sich in einer Trommel, deren äußerer und innerer

Eingang einander gegenüberliegen, so dass in keiner Türstellung beide Öffnungen gleichzeitig geöffnet sind. Die Bewegung der Tür erfolgt entweder manuell durch die Nutzer oder aber automatisch durch einen Motor, so dass die Tür entweder permanent rotiert oder durch Bewegungsmelder in Betrieb gesetzt wird. Der Nachteil kleiner Anlagen besteht darin, dass sperrige Güter nicht durch diese Türen transportiert werden können, weshalb sie meist mit einer konventionellen Tür daneben kombiniert werden müssen.

Drückergarnitur
Die Drückergarnitur besteht aus den beiden Türdrückern, je einem Drücker und einem Knauf oder einem Drücker und einem Stoßgriff.

Einscheibensicherheitsglas (ESG)
Einscheibensicherheitsglas ist eine Glasscheibe, die nach dem Zuschnitt auf Maß und dem Kantenschliff in einem Temperofen vorgespannt wird. Dies erhöht die Bruchfestigkeit der Scheibe beträchtlich und führt bei Versagen der Scheibe dazu, dass sie nicht in große scharfe Scherben sondern in hunderte von kleinen Scherben zerspringt (Securitglas).

Elektronisches Schließsystem
Das elektronische Schließsystem ist eine Schließanlage, deren Schlösser durch Kartenlesegeräte und deren Schlüssel durch Chipkarten und eventuell eine PIN ersetzt wurden. Die Chipkarten können personenbezogen programmiert werden, sodass unterschiedliche mechanische Schlösser und Schlüssel entfallen. Ändern sich die Zutrittsbefugnisse, müssen keine Schlüssel und Schlösser ausgetauscht werden. Im Falle des Verlustes einer dieser Karten kann diese gesperrt und es muss nicht die gesamte Schließanlage ausgetauscht werden, um weiterhin ein gesichertes Gebäude zu gewährleisten.

Falltüranlage
Türen im Boden, die in der Regel in Lagerhäusern den vertikalen Transport von Waren und Gütern ermöglichen.

Feuerwehrschlüsseldepot, -kasten
Dieses Depot von Zugangsschlüsseln zu einem Gebäude wird in einem Brandfall von der Einsatzleitstelle nach dem Auslösen des Brandfalles durch die Brandmeldeanlage frei geschaltet, sodass die Feuerwehr mit einem genormten Schlüssel Zugang zu den Objektschlüsseln bekommt und das Gebäude zügig und ohne Einsatz von Gewalt betreten kann, um den Brand zu bekämpfen.

Flucht- und Rettungsweg
Dieser Weg dient der Evakuierung des Gebäudes im Brandfall und ermöglicht Rettungskräften das Eindringen in das Gebäude. Die Brandwiderstandsklassen der einzelnen Bauteile richtet sich nach Größe, Art und Zweckbestimmung des Gebäudes. Flucht- und Rettungswege müssen durch selbst schließende Türen rauchfrei gehalten werden, um ihren Zweck zu erfüllen

Fluchtwegkennzeichnung und Fluchtwegbeschilderung
Ausweisung des nächstgelegenen Weges, auf dem das Gebäude im Fall eines Brandes oder einer anderen Havarie schnellstmöglich und sicher verlassen werden kann.

Ganzglastür (ESG und VSG)
Rahmenlose Tür, deren Türblatt aus einer Glasscheibe besteht, die direkt über die Beschläge mit den angrenzenden Gebäudeteilen verbunden ist.

Gegensprechanlage
Hausinterne Telefonanlage, die es ermöglicht, mit Personen vor der Eingangstür Kontakt aufzunehmen, ohne die Tür öffnen zu müssen. Diese wird heute oft mit Briefkasten, Klingel und Videoüberwachung kombiniert und in einer modularen Einheit zusammengefasst.

Gehflügel
Bei mehrteiligen, meist zweiflügeligen Türanlagen gibt es den Gehflügel, der in der Regel zu öffnen ist, und einen Standflügel, der sekundär zu öffnen ist und unter Umständen festgestellt sein kann.

Hausnummer
Die Hausnummer kennzeichnet das Gebäude eindeutig, um es für Besucher, Zustell- und Rettungsdienste identifizierbar zu machen.

Hinweisschilder und Informationstafeln
Bezeichnungen von Firmen, Behörden, Einrichtungen und Institutionen ergänzen über die Adresse mit der Hausnummer hinaus die Information am Gebäude über dessen Nutzer oder Eigentümer.

Impulsgeber (Kontaktgeber) für Automatiktüren
Meist opto- oder radarelektronische Bauteile, die bei Annäherung einer Person den Impuls senden, um eine automatische Tür in Bewegung zu setzen.

Infrarot-Bewegungsmelder
Optoelektronisches Bauteil, das auf die Bewegung warmer Körper reagiert, d.h. von Warmblütern, die sich im Sektor des Melders bewegen, ausgelöst wird. Um die Auslösung durch Kleintiere zu vermeiden, muss die Empfindlichkeit der Sensoren entsprechend justiert werden.

Intelligentes Zutrittkontrollsystem
Sammelbegriff für alle elektronischen Kontrollsysteme, die den Abgleich gespeicherter Daten mit einem optischen Erkennungssystem ermöglichen.

Karusselltüranlage
Siehe Drehtüranlage

Klingelanlage
Türklingel mit Namensbezeichnung der Firma oder Privatperson, die an einer bestimmten Adresse gemeldet ist. Heute oft in Kombination mit Gegensprechanlagen und Videokontrolle.

Lichtschranke
Die Lichtschranke bietet die Möglichkeit, eine automatische Tür oder eine andere Barriere (Schranke, Tor, Garageneinfahrt, etc.) freizugeben, nach dem Passieren der Person oder des Fahrzeugs wieder zu schließen oder aber das Schließen zu verhindern, solange sich Personen z.B. unter einem Rolltor befinden.

Lineare Schiebetüranlage
Schiebetüren, die parallel zu der Wand geführt werden, in der sie einen Durchgang verschließen, bezeichnet man als lineare Schiebetüranlage (vgl. Ggs. Radialschiebetüranlage)

Metalldetektor
Teil einer Sicherheitseinrichtung oder Personenschleuse, mit der das Mitführen von Waffen oder anderen gefährlichen Gegenständen unterbunden werden soll. Der Metalldetektor findet vor allem dort Anwendung, wo viele Personen durch andere Personen gefährdet werden können: Flughäfen, Stadien, Gerichtsgebäude, etc.

Körperscanner
Der Körperscanner, umgangssprachlicher Ausdruck Nacktscanner, bezeichnet eine Personenschleuse, in der die kontrollierte Person für das Aufsicht führende Personal nackt zu sehen ist. Dies geschieht durch den Einsatz schmalbandiger Röntgenstrahlen, deren Strahlungsintensität mit einer 15-minütigen Sonnenbestrahlung vergleichbar sei. Die Anonymisierung der untersuchten Personen durch Unkenntlichmachung des Gesichtes und Vermeidung des Kontaktes von prüfender und überprüfter Person soll die Privatheit gewahrt bleiben.

Nachtverschluss (Karusselltür)
Verriegelung von automatischen Dreh- und Karusselltüranlagen mittels eines Schlosses am Antrieb der Spindel. Diese mechanische Verriegelung dient umgekehrt im Falle eines Stromausfalles auch als Notentriegelung für die Türanlage.

Notausgang
Der Ausgang eines Fluchtweges muss als solcher gekennzeichnet sein. Diese Ausgangstür darf von innen nicht verriegelt sein, um ihre Funktion zu gewährleisten. Sie wird in der Regel mit einem Panikbeschlag ausgerüstet.

Notentriegelung
Automatische Türanlagen müssen im Falle eines Stromausfalles mechanisch entriegelt werden können, um weiterhin den Durchgang zu ermöglichen und zu verhindern, dass Personen in der Anlage eingeschlossen werden.

Obentürschließer
Siehe Bodentürschließer

Optoelektronische Erkennungsanlage
Siehe Biometrische Identifikationseinheit.

Panikbeschlag
Unter einem Panikbeschlag versteht man einen Türbeschlag, mit dem sich eine verschlossene Tür von innen öffnen lässt, ohne einen Schlüssel benützen zu müssen. Dies verhindert in einem Notfall eine Panik, da sich alle Türen, die mit einem solchen Beschlag ausgestattet sind, öffnen lassen. Der Panikbeschlag ist heute für alle Fluchtwegstüre vorgeschrieben.

Panzerglas
Glasscheiben, die aus mehreren Glasscheiben und Folien aufgebaut werden und je nach verwendeten Scheibendicken und Folien für unterschiedlichen Beschuss hemmend wirken.

Personenschleuse
Durchgang, in dem Personen auf das Mitführen von metallischen Gegenständen, in der Regel Waffen, und andere gefährliche Gegenstände und Substanzen kontrolliert werden können. Vergleiche auch Metalldetektor, Körperscanner

Piktogramm
Abstrahiertes Symbol zur internationalen, schrift- und sprachunabhängigen Kommunikation in öffentlichen Gebäuden wie Flug- und Bahnhöfen, Stadien und Messegeländen.

Profilzylinder
Der Profilzylinder hat sich seit seiner Erfindung im Jahr 1865 durch Linus Yale zum bisherigen Standard für Haustürschlösser und Schließanlagen entwickelt. Die Profilierung des Schlüssels betätigt im Kernzylinder verschiedene Stifte, die so verschoben werden, dass der Kernzylinder sich im Mantelzylinder drehen lässt und mit dieser Drehung die Falle im Schloss bewegt.

Radar-Bewegungsmelder
Der Radar-Bewegungsmelder ist eine neuere Entwicklung gegenüber dem Infrarot-Bewegungsmelder. Seine Vorteile bestehen darin, dass er auch kalte sich bewegende Objekte erkennen kann und der Einbau verdeckt möglich ist, da einige Materialien wie z.B. Holz, Glas oder Kunststoff von Radarwellen durchdrungen werden können.

Radialschiebetüren
Gekrümmte Schiebetüren, die als Bestandteil eines runden oder ovalen Windfangs auf einer Kreisbogenbahn öffnen und schließen.

Rampe
Zur barrierefreien Überwindung von Höhenunterschieden werden heute parallel zu Treppen in der Regel Rampen mit einer Neigung von weniger als 6% Steigung angeordnet.

Rettungsweg
Siehe Notausgang

Riegel
Einfache mechanische Vorrichtung zum Verschließen von Türen, Fenstern und Toren.

Sauberlaufzone, Schmutzschleuse, Schmutzfang
Eine Vorrichtung im Eingangsbereich, häufig im Windfang integriert, um Schmutz und Feuchtigkeit vom Schuhwerk der eintretenden Personen bereits an dieser Stelle zu sammeln und die Verteilung im Gebäude zu minimieren.

Schiebetüranlage
Siehe Lineare Schiebetüranlage oder Radialschiebetüranlage.

Schließanlage
Die hierarchische Kombination verschiedener Sicherheitsschlösser an einem Gebäude oder einem Teil desselben nennt man Schließanlage. Es ist möglich unterschiedliche Schließgruppen zu definieren, um den Zugang zu verschiedenen Bereichen nur ausgewählten Personen zu gewähren. In den Hierarchieebenen lassen sich Generalschlüssel, Haupt-, Gruppen-, und Einzelschlüssel definieren.

Schließzylinder
Siehe Profilzylinder

Schloss
Die Kombination aus Riegel und Falle im Schlosskasten ermöglicht das Schließen und Öffnen in einem mechanischen Bauteil

Schlosskasten
Das mechanische Bauteil, das im Türblatt eingelassen wird.

Schlüsselschalter
Elektrischer Schalter, der nur mit einem Schlüssel bedient werden kann. Damit wird gewährleistet, dass nur befugte Personen diesen Schalter nutzen können.

Schwingtür
Schwing- oder Pendeltüren stellen einfach in beide Richtungen zu öffnende Türen dar, die durch einen Federmechanismus in den Türbändern immer wieder geschlossen werden. In der Regel werden diese Türen mit Fenstern oder Bullaugen versehen, um auf beiden Seiten der Tür erkennen zu können, ob die Tür schon von der Gegenseite geöffnet wird. Diese Form der Tür wird an Durchgängen mit hoher Frequenz eingesetzt: Gastronomie und Industrie.

Sicherheitsbeleuchtung
Notbeleuchtung, die über eine netzunabhängige Stromversorgung verfügt und es ermöglicht, Fluchtwege so zu beleuchten, dass auch im Falle eines Stromausfalles noch eine gewisse Zeit Licht zur Verfügung steht.

Standflügel
Bei Doppeltüren unterscheidet man den Stand- und den Gehflügel. Der Standflügel kann arretiert und immer erst als zweiter geöffnet werden, im Unterschied zu Schwing- oder Pendeltüren.

Technische Regeln
Unter anerkannten technischen Regeln versteht man alle zu einem bestimmten Zeitpunkt bekannten, geprüften und angewendeten technischen Bauarten.

Teleskoptüren
Mehrteilige automatische Schiebetüren, deren Elemente parallel neben- oder ineinander geführt werden, werden als Teleskoptüren bezeichnet

Trommelwand
Siehe Dreh- und Karusselltür.

Türformen
Automatiktüren
Automatiktüren öffnen sich ohne Zutun der Person, die durch diese Tür gehen möchte.

Automatische Türen
Türen oder Türanlagen, die sich über einen Motor und einen mit diesem gekoppelten Bewegungsmelder automatisch öffnen, wenn im Reaktionsbereich des Bewegungsmelders eine Bewegung erkannt wird.

Fenstertür
Verglaste Tür, die in der Regel den Zugang zu einer Terrasse oder einem Balkon ermöglicht.

Tor
Das Tor ist eine große Öffnung in einer Mauer oder einem Gebäude zur Durchfahrt, das häufig oben geschlossen ist und meist durch zwei Flügel geschlossen werden kann.

Tür
Die Tür verschließt einen Eingang in ein Gebäude oder im Gebäude Flure, Räume und Gebäudeabschnitte.

Schiebetür
Horizontal bewegliche Tür, die gegenüber der Drehtür den Vorteil bietet, dass sie nicht in den Raum aufschlägt. Der Nachteil von Schiebetüren besteht darin, dass sie sich nicht so dicht schließen lassen wie Drehtüren.

Drehtür, Karusselltür
Die Drehtür in einer geschlossenen Kammer wurde 1888 von dem Amerikaner Theophilus van Kannel als Sturmtür (New Revolving Storm Door) erfunden, die immer geschlossen, gleichzeitig aber auch immer geöffnet sei. Sie vereint also in einer Einheit Tür und Windfang und ermöglicht zuerst die permanente Öffnung eines Gebäudes bei gleichzeitiger Abgeschlossenheit auch in klimatischer Hinsicht.

Türdrücker
Das Bauteil an der Tür, das es ermöglicht, die Tür zu öffnen oder zu schließen. Über den Türdrücker wird ein Vierkantstift bewegt, der auf die Falle im Schlosskasten wirkt, diese zurückzieht und damit die Tür öffnet.

Türgriff
Feststehender Stoß- und Zuggriff für Türen, die sich durch Stoßen oder Ziehen öffnen lassen. Meist an öffentlichen Gebäuden, Ladengeschäften und Bürogebäuden, die zu den Öffnungszeiten allgemein zugänglich sind und nicht mit Automatiktüren ausgerüstet sind.

Türöffner
Elektrische Einrichtung, die Tür zu öffnen, ohne selbst an die Tür zu gehen. Ein elektrischer Impuls gibt die Falle der Haustür frei und signalisiert durch einen akustischen Reiz, dass sich die Tür öffnen lässt

Türschließer
Automatische Feder- oder Motoreinheit, die eine Tür selbsttätig nach dem Öffnen wieder schließt.

Türsteuersystem
Eine technische Einrichtung, die es ermöglicht, Türen von einem entfernten Ort (Pforte, etc.) zu öffnen oder zu schließen.

Überwachungssysteme
Sammelbegriff für alle Arten der Überwachung von Gebäuden

Unterflurantrieb
Bei automatischen oder halbautomatischen Türen im Boden eingebauter Antrieb zum Öffnen und Schließen der Tür.

Verschließflügel
Siehe Standflügel

Versammlungsstättenverordnung
In der Versammlungsstättenverordnung werden bauliche Maßnahmen in Abhängigkeit von der maximal zulässigen Personenzahl Geregelt, für die Räume oder Gebäude zugelassen sind. Die Summe aller Sicherheitsmaßnahmen wie Durchgangsbreiten, Zahl und Anordnung von Treppen- und Fluchtwegen, Art und Zahl der Ein- und Ausgänge, etc.

Video-Kontrolle, Videoüberwachung
Alle Maßnahmen zur Überwachung über Videobilder. Heute ist es ohne weiteres möglich, sofort ein Bild der Personen vor der Haustür auf dem Display an der Türstation zu sehen, das von integrierten Kameras per Datenleitung geliefert wird. Dies funktioniert sowohl bei Tag als auch bei Nacht, die integrierte Infraroterkennung macht es möglich. Diese Kameras sind heute so klein, dass sie auch unauffällig platziert und eingebaut werden können. Mehrere Kameras können am und um das Gebäude verteilt werden und an einem Terminal überwacht werden.

Vordach
Witterungsschutz vor der Fassade eines Gebäudes, der einerseits die Eingangstür schützt, aber bei schlechtem Wetter auch der Person vor der Tür Schutz bietet.

Wärmeschutz
Alle Maßnahmen, die den Abfluss von Wärmeenergie aus dem Gebäude verhindern. Sommerlicher Wärmeschutz verhindert umgekehrt das Eindringen von Sonnenenergie in das Gebäude.

Windfang
Ein kleiner Durchgangsraum mit Schleusenfunktion, der an beiden Enden mit Türen geschlossen werden kann und dadurch die Trennung von Außen- und Innenklima ermöglicht.

Wetterschenkel
Außen an Holztüren unten angebrachtes Querholz, das verhindern soll, dass Wasser, das an der Haustür abläuft, unten an der Tür nach innen gelangen kann, da es wegen des Wetterschenkels einige Zentimeter vor der Tür abtropfen wird.

Zutrittskontrollsystem
Alle Einrichtungen, die es ermöglichen, den Zugang von Personen zu einem Gebäude zu überwachen.

Architekten, Gestalter

Allmann Sattler Wappner . Architekten GmbH
Nymphenburger Straße 125
80636 München
www.allmannsattlerwappner.de

att architekten
Markus Gentner
Bauerngasse 12
90443 Nürnberg
www.markus-gentner-architekt.de

Architekturbüro Baehr-Rödel GbR
Auersberg 5B
82319 Starnberg
www.baehr-roedel.de

Anne Batisweiler
Dachstraße 49
81243 München
www.anne.batisweiler.de

becker architekten
Beethovenstraße 7
87435 Kempten
www.becker-architekten.net

Bembé Dellinger
Architekten BDA
Im Schloss
86926 Greifenberg
www.bembe-dellinger.de

Berschneider + Berschneider
Architekten BDA + Innenarchitekten
Hauptstraße 12
92367 Pilsach / Neumarkt
www.berschneider.com

bottega+ehrhardt architekten gmbh
Senefelderstraße 77A
70176 Stuttgart
www.be-arch.com

Brückner & Brückner Architekten
Veitshöchheimer Straße 14
97080 Würzburg
www.architektenbrueckner.de

COASToffice architecture
architektur.innenarchitektur.design
Helfferichstraße 1
70192 Stuttgart
www.coastoffice.de

Giovan Luigi Dazio Architetto
Via Ramogna 14
6600 Locarno, Schweiz
www.gld-dazio.ch

denzer & poensgen
architektur & innenarchitektur
Zum Rott 13
53947 Nettersheim-Marmagen
www.denzer-poensgen.de

eins:33 GmbH
Hendrik Müller
Holzstraße 28
80469 München
www.einszu33.com

f64 Architekten
Füssener Straße 64
87437 Kempten
www.f64architekten.de

GRAFT Gesellschaft von Architekten mbH
Heidestraße 50
10557 Berlin
www.graftlab.com

peter haimerl . architektur
Lothringer Straße 13
81667 München
www.peterhaimerl.com

Architektur Büro Jäcklein BDA
Erlachhof 5
97332 Volkach
www.jaecklein.de

Keppler Architektur
Im Kühnenbach 63
72793 Pfullingen
www.keppler-architektur.de

Atelier Lüps
Bergstraße 4
86938 Schondorf
www.lueps.com

maaars
Herzog-Friedrich-Straße 8/2
6020 Innsbruck, Österreich
www.maaars.at

Ingo Maurer GmbH
Kaiserstraße 47
80801 München
www.ingo-maurer.com

Nieberg | Architect
Waterloostraße 1
30169 Hannover
www.nieberg-architect.de

RATAPLAN – Architektur ZT GmbH
Margaretenstraße 20/3
1040 Wien, Österreich
www.rataplan.at

Städtische Wohnungsgesellschaft Bremerhaven mbH
Hans-Joachim Ewert
Justus-Lion-Weg 4
27568 Bremerhaven
www.staewog.de

Steinert & Steinert
Architektin – Architekt BDA
Badgasse 3
82467 Garmisch-Partenkirchen
www.steinert-architekten-bda.de

Van den Valentyn - Architektur
Aachener Straße 23
50674 Köln
www.vandenvalentyn.com

Vos Interieur
Laan Corpus den Hoorn 100
9728 JR Groningen, Niederlande
www.vosinterieur.nl

markus wespi jérôme de meuron
architekten bsa ag
6578 Caviano, Schweiz
www.wespidemeuron.ch

Zaha Hadid Architects
Studio 9
10 Bowling Green Lane
London EC1R 0BQ, Großbritannien
www.zaha-hadid.com

Fotografen

aka77 Katrin Ecker
Albertgasse 1/11
1080 Wien, Österreich
www.aka77.at

andi albert photographie
Schellingstraße 14
97074 Würzburg

Peter Czajka
Danzbichl 1
82436 Eglfing
www.peterczajka.de

Hans Engels
Döllingerstraße 33
80639 München
www.hans-engels.de

David Franck Photographie
Claude-Dornier-Straße 25
73760 Ostfildern
www.davidfranck.de

Nikolaus Grünwald
Rommelstraße 5
70376 Stuttgart
www.nikolaus-gruenwald.de

Oliver Heissner
Wrangelstraße 53
20253 Hamburg
www.oliverheissner.net

Florian Holzherr
Seitzstraße 8
80538 München
www.architekturfoto.net

Thomas Huber
Bergstraße 4
86938 Schondorf
www.lueps.com

Werner Huthmacher
Oranienstraße 19 A
10999 Berlin
www.werner-huthmacher.de

Klaus Kinold
Zentnerstraße 18
80798 München

Klomfar & Partner
Gumpendorfstraße 113/26
1060 Wien, Österreich
www.klomfar.com

Rainer Mader
Alte Schule am Runden Baum
53937 Schleiden
www.rainermader.de

Peter Manev
Marienstraße 13
95100 Selb

Constantin Meyer Photographie
Reiherweg 85
50829 Köln
www.constantin-meyer.de

Stefan Meyer Architekturfotografie
Sanderstraße 3
12047 Berlin
stefan.meyer@archkom.net

André Mühling Photography
Josephsplatz 3
80798 München
www.andremuehling.com

Bernhard Müller
Schillerstraße 26
72764 Reutlingen
www.journalfoto.de

Stefan Müller-Naumann
Gerner Straße 17
80638 München
www.mueller-naumann.de

Jens Passoth
Nazarethkirchstraße 17
13347 Berlin
www.passoth.de

Saskia Pavek
Alte Bergstraße 429
86899 Landsberg am Lech
www.foto-pavek.de

Wolfgang Pulfer
Paul-Gerhardt-Allee 24
81245 München
www.foto-pulfer.de

Erich Spahn
Schiffbrückgasse 5
92224 Amberg
www.kunst-in-ostbayern.de/kuenstler/spahn.html

Markus Tomaselli
Innsbruckerstraße 11
6161 Natters, Österreich
www.tomaselli-net.org/markus-index2.htm

Tom Vack
Ettenhofer Straße 48b
82234 Weßling
www.tomvack.com

Quellen

Bücher

Alexander, Christopher: A Pattern Language – Eine Muster-Sprache. Oxford University Press: New York 1977; Löcker Verlag: Wien 1995

Drexel, Thomas: Neue Eingänge – Planung und Gestaltung. Callwey Verlag: München 2000

Knirsch, Jürgen: Eingang. Weg + Raum. Verlagsanstalt Alexander Koch GmbH: Leinfelden-Echterdingen 1998

Fachzeitschriften

ARCH+, Ausgabe 191/192, Schwellenatlas, 2009
DETAIL, Serie 1995, Ausgabe 6

Online-Ressourcen

Verlagsgruppe Random House FSC-DEU-0100
Das für dieses Buch verwendete FSC-zertifizierte Papier
Profisilk, hergestellt von Sappi, Alfeld, liefert IGEPAgroup.

1. Auflage
Copyright © 2010 Deutsche Verlags-Anstalt, München,
in der Verlagsgruppe Random House GmbH
Alle Rechte vorbehalten
Gestaltungskonzept, Satz und Layout: Iris von Hoesslin
Lithografie: Reproline mediateam GmbH, München
Druck und Bindung: Firmengruppe APPL, aprinta Druck, Wemding
Printed in Germany

ISBN 978-3-421-03738-1

www.dva.de